deutsch.training 8–10

Mit Online-Materialien!

UMGANG MIT LITERARISCHEN TEXTEN

Arbeitsheft für die Klassen 8 bis 10

Sabine Utheß
auf der Grundlage von Materialien
aus deutsch.punkt und deutsch.werk

Ernst Klett Verlag
Stuttgart · Leipzig

W0088234

INHALT

Diese Kapitel habe ich bearbeitet:

Literarische Texte untersuchen und interpretieren

KAPITEL	SEITE	BEARBEITET AM	PRÜFE DICH SELBST ERLEDIGT AM	ÜBEN UND ANWENDEN ERLEDIGT AM
Die Vielfalt literarischer Texte	6 f.			
Epische Texte untersuchen und interpretieren	8–13			
• Gestaltungsmittel und Untersuchungsaspekte	8–10			
• Epische Erzählformen unterscheiden	11			
• Erzählende Texte analysieren und interpretieren	12 f.			
Lyrische Texte untersuchen und interpretieren	14–17			
• Gestaltungsmittel und Untersuchungsaspekte	14–16			
• Gedichte analysieren und interpretieren	17			
Dramatische Texte untersuchen und interpretieren	18–24			
• Gestaltungsmittel und Untersuchungsaspekte	18–20			
• Szenische Texte analysieren und interpretieren	21–24			

Einen Interpretationsaufsatz verfassen

KAPITEL	SEITE	BEARBEITET AM	PRÜFE DICH SELBST ERLEDIGT AM	ÜBEN UND ANWENDEN ERLEDIGT AM
Einen Interpretationsaufsatz vorbereiten	28–30			
Einen Interpretationsaufsatz schreiben	31 f.			
Einen Interpretationsaufsatz überarbeiten	33 f.			

Produktiv verstehendes Schreiben auf der Grundlage literarischer Texte (gestaltendes Interpretieren)

KAPITEL	SEITE	BEARBEITET AM	PRÜFE DICH SELBST ERLEDIGT AM	ÜBEN UND ANWENDEN ERLEDIGT AM
Merkmale und Formen des produktiv verstehenden Schreibens	36 f.			
Einen Text weiterschreiben	38–43			
In einem Text Leerstellen ausgestalten	44–55			
• Einen Tagebucheintrag verfassen	44 f.			
• Einen inneren Monolog verfassen	46–49			
• Einen Brief verfassen	50 f.			
• Einen Dialog verfassen	52 f.			
• Ein Interview verfassen	54 f.			
Texte umgestalten	56 f.			

Diese Übungen aus dem Kapitel „Üben und Anwenden" habe ich bearbeitet:

Literarische Texte untersuchen und interpretieren/Einen Interpretationsaufsatz verfassen

AUFGABEN	SEITE	BEARBEITET AM	AUFGABEN	SEITE	BEARBEITET AM
Johann Peter Hebel: Unverhofftes Wiedersehen	62 f./1–7		Johann Wolfgang Goethe: Maifest	70/1–6	
Thomas Bernhard: Der junge Mann	64–67/1–14		Ulla Hahn: Irrtum	71/1–5	
Jagoda Marinić: Ausgestochen	67/1–4		Gotthold Ephraim Lessing: Emilia Galotti	72–74/1–7	
Annette von Droste-Hülshoff: An meine Mutter	68 f./1–7		Esther Gerritsen: Gras	74 f./1–2	
Rose Ausländer: Ich lausche …	69/1				

Produktiv verstehendes Schreiben auf der Grundlage literarischer Texte (gestaltendes Interpretieren)

AUFGABEN	SEITE	BEARBEITET AM	AUFGABEN	SEITE	BEARBEITET AM
Marion Müller: Das Glück	76/1–4		Botho Strauß: Rückkehr	80/1–2	
Helga M. Novak: Eis	77/1–6		Marie Luise Kaschnitz: Ein ruhiges Haus	80/1–4	
Bettina Schoeller: Ich bin ein ganz normaler Tag	78 f./1–4		Annette von Droste-Hülshoff: Am Turme	81/1–2	
Günter Guben: So	79/1–2		Thomas Bernhard: Der junge Mann	82 f./1–8	

Zu diesen literarischen Texten habe ich einen Interpretationsaufsatz oder einen selbst geschriebenen Text verfasst:

Das kann ich gut:

Das habe ich gut gelernt:

Das muss ich noch üben:

1 Die Vielfalt literarischer Texte

Literarische Texte lassen sich drei Gattungen zuordnen.

EPISCHE TEXTE (ERZÄHLENDE TEXTE)	LYRISCHE TEXTE (GEDICHTE)	DRAMATISCHE TEXTE (SZENISCHE TEXTE)
griech. *epos*: Wort, Rede, Kunde	griech. *lyra*: Leier	griech. *drama*: Tat, Handlung
alle Formen fiktionaler Erzählkunst, in denen das Geschehen durch einen Erzähler vermittelt wird	ursprünglich zur Leier gesungene Lieder; alle Formen von Gedichten, die durch einen besonderen sprachlichen Ausdruck gekennzeichnet sind	alle Formen, die in szenischer Darstellung einer Handlung für eine Aufführung angelegt sind
Märchen, Sage, Novelle, Roman, Kurzgeschichte, …	Ballade, Lied, Ode, …	Hörspiel, Drehbuch, Tragödie, Komödie, …

: 1 Ordne die Beispieltexte den Gattungen zu und fasse kurz die Gemeinsamkeiten und Unterschiede der drei Gattungen zusammen.

Wenn er gefallen,
Dann ist er nichts als Wasser,
Der Tau der Distel.
Chiyo-ni

MEPHISTOPHELES: *gemütlich.*
Du weißt wohl nicht, mein
Freund! wie grob du bist?
BACCALAUREUS: Im Deut-
schen lügt man, wenn man
höflich ist.
Johann Wolfgang von Goethe

Als Gregor Samsa eines
Morgens aus unruhigen
Träumen erwachte, fand er
sich in seinem Bett zu einem
ungeheueren Ungeziefer
verwandelt.
Franz Kafka

Gemeinsamkeiten: _____

Unterschiede: _____

_____

: 2 Suche weitere Beispiele für die drei literarischen Gattungen und notiere sie in der Tabelle.
Du kannst den Anhang auf Seite 84–93 verwenden.

: 3 Füge die drei Merkmale so in die Übersicht ein, dass die beiden Gleichungen aufgehen.

```
INSZENIERUNG        ERZÄHLERREDE        FIGURENREDE
```

EPIK   =   +

+   =   DRAMATIK

Operatoren zum Erschließen literarischer Texte

1. den Text sorgfältig lesen
2. eine Annahme darüber formulieren, was für den Text wesentlich sein könnte; also eine „Sinnvermutung" formulieren
3. Textsignale wahrnehmen und markieren, die auf das Thema des Textes verweisen
4. auffällige Gedanken, Beschreibungen, Aussagen, Sprachbilder u.a. notieren
5. wichtige Textstellen zielgerichtet unterstreichen
6. die Textart/die Textsorte bestimmen
7. die eigenen Kenntnisse über die Textsorte aktivieren
8. die markierten Textsignale und die Textsorte zueinander in Beziehung setzen
9. den Inhalt des Textes mit eigenen Worten wiedergeben
10. auffällige Gestaltungselemente des Textes beschreiben und erläutern
11. die Gestaltungselemente auf die inhaltliche Aussage des Textes beziehen
12. den Zusammenhang von Textaussage und Gestaltungselementen deuten
13. die Deutung mit der ursprünglichen „Sinnvermutung" vergleichen und diese ggf. verändern
14. den Text in einen größeren Zusammenhang einordnen
15. den Text mit einem anderen Text vergleichen
16. die Wirkung des Textes beurteilen und die eigene Meinung begründen

4 Überlege, welche Operatoren besonders ergiebig sind, je nachdem, ob du einen erzählenden, einen lyrischen oder einen dramatischen Text untersuchst. Fülle die Tabelle aus.

OPERATOREN ZUM ERSCHLIESSEN EPISCHER TEXTE	OPERATOREN ZUM ERSCHLIESSEN LYRISCHER TEXTE	OPERATOREN ZUM ERSCHLIESSEN DRAMATISCHER TEXTE

2 Epische Texte untersuchen und interpretieren

2.1 Gestaltungsmittel und Untersuchungsaspekte

Epische Texte lenken mithilfe verschiedener **Gestaltungsmittel** die Erwartung des Lesers, prägen das Textverständnis und bestimmen die **Aussage und Wirkung des Textes**. Wenn du einen erzählenden Text untersuchst, geht es vor allem darum, die besonderen Gestaltungsmerkmale zu entschlüsseln und nachvollziehbar darzustellen.

Erwartungen des Lesers
- Titel
- Erzählanfang

Erzählform/Erzähler
- Ich-Erzähler, Er/Sie-Erzähler

Erzählverhalten/Erzählperspektive
- auktorial, neutral, personal

Handlung
- Motiv, Stoff, Komposition
- Haupt- und Nebenhandlung
- Binnen- und Rahmenhandlung
- äußere Handlung (Ereignisse), innere Handlung (Gedanken, Gefühle)

Textsorte und ihre Merkmale

Ort der Handlung

Aspekte der Erschließung epischer Texte

Zeitgestaltung
- Zeitsprung, Rückblende, Vorausdeutung
- Verhältnis Erzählzeit/erzählte Zeit: zeitraffendes, zeitdeckendes, zeitdehnendes Erzählen

Sprache und Stil
- Satzbau, Tempus, Wortwahl
- sprachliche Bilder
- rhetorische Figuren
- Sprachebene

Darstellungsformen/Darbietungsformen
- Erzähler: Bericht, Beschreibung, szenische Darstellung, Kommentar
- Figuren: direkte, indirekte, erlebte Rede, innerer Monolog

Figuren
- Charakterisierung
- Konstellation (Beziehung der Figuren zueinander)

politische, gesellschaftliche, kulturelle Verhältnisse der Entstehungszeit

Lebenswelt des Autors
- Biografie, Werk, Weltbild

zeitbedingte Auffassung von Literatur

1 Kläre mithilfe des Anhangs (Seite 84–87) Begriffe, die dir unbekannt sind.

Wolfgang Borchert: Vielleicht hat sie ein rosa Hemd (1947)

Die beiden saßen auf dem Brückengeländer. Ihre Hosen waren dünn und das Brückengeländer war eisig. Aber da gewöhnte man sich dran. Auch dass es so drückte. Sie saßen da. Es regnete, es regnete nicht, es regnete. Sie saßen und hielten Parade ab. Und weil sie einen Krieg lang nur Männer gesehen hatten,
5 sahen sie jetzt nur Mädchen.

Eine ging vorbei.

Hat einen ganz schönen Balkon. Kann man drauf Kaffee trinken, sagte Timm.

Und wenn sie so lange in der Sonne rumläuft, wird die Milch sauer, grinste der andere.

10 Dann kam noch eine.

Steinzeit, resignierte der neben Timm.

Alles voll Spinngewebe, sagte der.

Dann kamen Männer. Die kamen ohne Kommentar davon. Schlosserlehrlinge, Büroangestellte mit weißer Haut, Volksschullehrer mit genialen Gesich-
15 tern und schäbigen Hosen, dicke Männer mit dicken Beinen, Asthmatiker und Straßenbahner mit Feldwebelschritt.

Und dann kam sie. Sie war ganz anders. Man hatte das Gefühl, sie müsse nach Pfirsich riechen. Oder nach ganz sauberer Haut. Sicher hatte sie auch einen ganz besonderen Namen: Evelyne – oder so. Dann war sie vorbei. Die
20 beiden sahen hinterher.

Vielleicht hat sie ein rosa Hemd, meinte Timm dann.

Warum, sagte der andere.

Doch, antwortete Timm, die so sind, die haben meistens ein rosa Hemd.

Blöde, sagte der andere, sie kann ebensogut ein blaues haben.

25 Kann sie eben nicht, du, kann sie eben nicht. Solche die haben rosane. Das weiß ich ganz genau, mein Lieber. Timm wurde ganz laut, als er das sagte.

Da sagte der neben ihm: Du kennst wohl eine?

Timm sagte nichts. Sie saßen da und das Brückengeländer war eisig durch die dünnen Hosen. Da sagte Timm:

30 Nein, ich nicht. Aber ich kannte mal einen, der hatte eine mitn rosa Hemd. Beim Kommiss.* In Russland. In seiner Brieftasche hatte er immer son Stück rosa Zeug. Aber das ließ er nie sehen. Aber an einem Tag fiel es auf die Erde. Da haben es alle gesehen. Aber gesagt hat er nichts. Nur angelaufen ist er. Wie das Stück Zeug. Ganz rosa. Abends hat er mir dann erzählt, das hätte er von
35 seiner Braut. Als Talisman, weißt du. Sie hat nämlich lauter rosa Hemden, hat er gesagt. Und davon ist es.

Timm hörte auf.

Na und?, fragte der andere.

Da sagte Timm ganz leise: Ich hab es ihm weggenommen. Und dann hab
40 ich es hochgehalten. Und wir haben alle gelacht. Mindestens eine halbe Stunde haben wir gelacht. Und was die für Dinger gesagt haben, kannst du dir denken.

Und da?, fragte der neben Timm.

Timm sah auf seine Knie. Er hat es weggeworfen, sagte er. Und dann sah Timm den andern an: Ja, sagte er, er hat es weggeworfen, und dann hat es ihn
45 erwischt. Am nächsten Tag hat es ihn schon erwischt.

Sie sagten beide nichts. Saßen da und sagten nichts. Aber dann sagte der andere: Blödsinn. Und er sagte es noch einmal. Blödsinn, sagte er.

* Kommiss: umgangssprachlich für „Militärdienst"

Ja, ich weiß, sagte Timm. Natürlich ist es Blödsinn. Das ist ja ganz klar. Das weiß ich auch. Und dann sagte er noch: Aber komisch, weißt du, komisch ist es doch.

50. Und Timm lachte. Sie lachten alle beide. Und Timm machte eine Faust in der Hosentasche. Dabei zerdrückte er etwas. Ein kleines Stück rosa Stoff. Viel rosa war da nicht mehr dran, denn er hatte es schon lange in der Tasche. Aber es war noch rosa. Er hatte es aus Russland mitgebracht.

: 3 Halte in der Randspalte stichpunktartig alles fest, was dir beim ersten Lesen auffällt.

: 4 Lies den Text erneut und kläre den Inhalt. Du kannst dir W-Fragen stellen, Schlüsselwörter markieren, Randnotizen machen, … Formuliere in deinem Heft das zentrale Thema des Textes.

: 5 Untersuche die Hauptperson Timm mithilfe von Textstellen, in denen er direkt oder indirekt charakterisiert wird. Mache dir Randnotizen.

: 6 Unterstreiche im Text, was du über Ort und Zeit der Handlung erfährst. Kläre den Verlauf der Handlung, indem du Sinnabschnitte kennzeichnest und mit Zwischenüberschriften arbeitest.

: 7 Informiere dich im Anhang auf Seite 84 f. über die Darstellungsformen/Darbietungsformen des Erzählens. Lies den Text und ordne jeder Erzählweise (beschreibend, berichtend, erzählend) eine Textpassage zu, in der diese Erzählweise deiner Meinung nach dominiert.

: 8 Lies im Anhang auf Seite 85 nach, welche vier Möglichkeiten der Figurenrede es in einem erzählenden Text gibt. In dem Text weisen die direkten Reden eine formale Besonderheit auf. Welche? Markiere außerdem im Text die indirekte Rede.

: 9 Forme die direkten Reden in Äußerungen erlebter Rede um.

DIREKTE REDE	ERLEBTE REDE
Timm dachte: „Das kann nur Blödsinn sein."	Das konnte nur Blödsinn sein.
Timm dachte: „Warum habe ich bloß das Stück rosa Stoff hergezeigt?"	
Timm dachte: „Die sieht aber gut aus."	
Timm dachte: „Wieso kann ich nur den Vorfall nicht vergessen?"	

„Aber ich kannte mal einen, der hatte eine mitn rosa Hemd. Beim Kommiss. In Russland. In seiner Brieftasche hatte er immer son Stück rosa Zeug. Aber das ließ er nie sehen. Aber an einem Tag fiel es auf die Erde. Da haben es alle gesehen. Aber gesagt hat er nichts. Nur angelaufen ist er. Wie das Stück Zeug. Ganz rosa. Abends hat er mir dann erzählt, das hätte er von seiner Braut. Als Talisman, weißt du. Sie hat nämlich lauter rosa Hemden, hat
5 er gesagt."

: 10 Informiere dich im Anhang auf Seite 85 f., welche Möglichkeiten der Zeitgestaltung es gibt. Um welche Art der Zeitgestaltung handelt es sich bei dem Textauszug? Markiere die Stellen, welche Zeitsprünge anzeigen.

: 11 Bestimme die Erzählperspektive und das Erzählverhalten. Du kannst zuvor im Anhang auf Seite 84 nachlesen.

: 12 Untersuche die Merkmale und Besonderheiten der sprachlichen Gestaltung des Textes (z. B. Satzbau, Tempus, Wortwahl, Wiederholungen, sprachliche Bilder, …).

: 13 Informiere dich über den Autor und seine Zeit sowie über die Situation, in der dieser Text entstanden ist.

2.2 Epische Erzählformen unterscheiden

Es gibt zahlreiche **epische Erzählformen**: längere Formen, z. B. Roman und Novelle, und epische Klein-
formen, z. B. Anekdote, Fabel, Kalendergeschichte, Kurzgeschichte, Märchen, Sage, Parabel, . . .

Ziel: unterhalten und belehren

oft mehrsträngige Handlung

Verdichtung des Geschehens

auf einen Augenblick

oft Rahmengeschehen

unvermittelter Anfang und offener Schluss

erzählende Großform von mindestens 100 oder mehr Seiten

oft auktorialer Er-/Sie-/Es-Erzähler

im Aufbau dem Drama vergleichbar (z. B. Einleitung, Höhe- und Wendepunkt)

unerhörte Begebenheit

breiter Wirklichkeitsausschnitt

kürzer als ein Roman, länger als eine Kurzgeschichte

umfangreiche und vielfältige Figurenkonstellationt

handelt oft von merkwürdiger Begebenheit

Schicksal von Menschen in einer Krisensituation

oft unterkühlte Alltagssprache

oft mit Leitmotiv

1 Lies im Anhang auf Seite 86 f. nach, welche Merkmale Kalendergeschichte, Kurzgeschichte, Novelle und
Roman aufweisen. Lege in deinem Heft eine Tabelle an und ordne die oben stehenden Merkmale richtig zu.
Suche mithilfe des Textsortenverzeichnisses epische Texte heraus und entscheide, um welche Erzählform
es sich handelt. Ergänze in der Tabelle Beispiele.

KALENDERGESCHICHTE	KURZGESCHICHTE	NOVELLE	ROMAN
			Sansibar oder der letzte Grund (Alfred Andersch)

2 Nenne Romane, die du kennst. Überlege, welchen Typ von Romanen (z. B. Kriminalroman, Liebesroman,
Science-Fiction-Roman, …) du besonders gern liest und woran das liegt.

3 Lies auf Seite 62 f. die Kalendergeschichte „Unverhofftes Wiedersehen" von Johann Peter Hebel und
kennzeichne typische Textmerkmale.

4 Lies auf Seite 9 f. die Kurzgeschichte „Vielleicht hat sie ein rosa Hemd" von Wolfgang Borchert und weise
anhand von typischen Textmerkmalen nach, dass es sich um eine Kurzgeschichte handelt.

5 Lies auf Seite 40 die Zusammenfassung zu Gottfried Kellers Novelle „Romeo und Julia auf dem Dorfe"
sowie die Textausschnitte auf den Seiten 40 f., 44 f. und 50 f. und notiere Stichpunkte.

ALLGEMEINE MERKMALE DER NOVELLE	BEISPIEL „ROMEO UND JULIA AUF DEM DORFE"
zentraler Konflikt	
neues, nicht vorhersehbares Ereignis (unerhörte Begebenheit)	
Merkmale des Dramas	
Rahmengeschehen	
Leitmotiv	

2.3 Erzählende Texte analysieren und interpretieren

Interpretieren heißt, dass du **dein eigenes Verständnis** und **deine Deutung eines Textes** darlegst und durch den **Inhalt** und die **Gestaltungsweise** des Textes begründest. Wenn in der Aufgabenstellung keine konkreten Erschließungsaspekte oder eine bestimmte Vorgehensweise vorgegeben sind, kannst du **so verfahren**:

- **Inhalt** und **zentrale Aussagen** des Textes wiedergeben
- **Interpretationshypothese** (vorläufiges Textverständnis) formulieren
- **Textsorte** bestimmen
- auffällige **Gestaltungsmittel** des Textes analysieren
- Gestaltungsmittel auf inhaltliche Aussage des Textes beziehen
- **Zusammenhang von Textaussage und Gestaltungselementen** erläutern und deuten
- **Deutung** mit ursprünglicher Interpretationshypothese **vergleichen**, diese ggf. verändern

: 1 Notiere vor dem ersten Lesen deine Assoziationen und Erwartungen zum Titel der Geschichte im Heft.

Wolfdietrich Schnurre: Beste Geschichte meines Lebens (1978)

Beste Geschichte meines Lebens. Anderthalb Maschinenseiten vielleicht. Autor

vergessen; in der Zeitung gelesen. Zwei Schwerkranke im selben Zimmer.

Einer an der Türe liegend, einer am Fenster. Nur der am Fenster kann hinaus-

sehen. Der andere keinen größeren Wunsch, als das Fensterbett zu erhalten.

5 Der am Fenster leidet darunter. Um den anderen zu entschädigen, erzählt

er ihm täglich stundenlang, was draußen zu sehen ist, was draußen passiert.

Eines Nachts bekommt er einen Erstickungsanfall. Der an der Tür könnte die

Schwester rufen. Unterlässt es; denkt an das Bett. Am Morgen ist der andere

tot; erstickt. Sein Fensterbett wird geräumt; der bisher an der Tür lag, erhält es.

10 Sein Wunsch ist in Erfüllung gegangen. Gierig erwartungsvoll wendet das

Gesicht zum Fenster. Nichts, nur eine Mauer.

Bearbeite die folgenden Aufgaben auf einem Extrablatt.

: 2 Lies den Text ein erstes Mal und notiere kurze Stichpunkte zu deinem ersten Eindruck.

: 3 Lies den Text erneut und halte alles fest, was dir auffällt. Markiere Schlüsselwörter, kläre Unbekanntes, mache dir Notizen neben dem Text. Du kannst auch verschiedene Farben für inhaltliche, formale und sprachliche Aspekte verwenden. Kläre den Inhalt des Textes. Du kannst dir z. B. W-Fragen stellen und beantworten.

: 4 Formuliere das zentrale Thema des Textes mit eigenen Worten. Stelle eine Interpretationshypothese auf, wie du den Text verstehst. Sie ist der Ausgangspunkt für die genauere Untersuchung des Textes.

neidisch	kleinlich	fantasievoll	großzügig	krank	hilflos
grausam	ängstlich	sehnsüchtig	verständnisvoll	egoistisch	aufopfernd

5 Untersuche die handelnden Personen mithilfe geeigneter Textstellen, in denen sie direkt oder indirekt charakterisiert werden. Ordne ihnen die Eigenschaften zu.

PERSON IM FENSTERBETT	PERSON IM TÜRBETT

6 Kläre den Verlauf der Handlung. Du kannst dazu ein Flussdiagramm anlegen.

7 Markiere die Stellen im Text, in denen du etwas über den Ort und die Zeit der Handlung erfährst. Beachte, dass dies auch indirekt geschehen kann (z. B. Es werden Gegenstände genannt, die es nur an einem bestimmten Ort und zu/seit einer bestimmten Zeit gibt/gab.).

8 Untersuche den Aufbau des Textes. Kennzeichne einzelne Sinnabschnitte. Kläre den Spannungsverlauf und suche nach einem Höhepunkt und/oder Wendepunkt. Beschreibe die Ausgangs- und Endsituation.

9 Bestimme die Textsorte und charakterisiere kurz deren Eigenschaften.

10 Bestimme die Erzählperspektive und stelle fest, welche Haltung der Erzähler zum Geschehen hat. Beachte dabei insbesondere die ersten drei Sätze des Textes.

11 Kläre, welche Darstellungsformen (z. B. unterhaltend, berichtend, appellativ, …) verwendet werden.

12 Analysiere die Figurenrede im Text (direkte Rede, indirekte Rede, erlebte Rede, innerer Monolog).

13 Untersuche die Zeitgestaltung genauer: Gibt es Zeitsprünge, Rückblenden, Vorausdeutungen? In welchem Verhältnis stehen Erzählzeit und erzählte Zeit (zeitraffendes, zeitdeckendes, zeitdehnendes Erzählen)?

14 Analysiere die Merkmale und Besonderheiten der sprachlichen Gestaltung des Textes (z. B. Wortwahl, Satzbau, Länge der Sätze, Tempus, sprachliche Bilder, rhetorische Figuren, Sprachebene, …). Notiere auch deren Wirkung.

15 Informiere dich über den Autor, seine Zeit, sein Werk und die Entstehung des Textes.

16 Stelle einen Zusammenhang zwischen dem Inhalt des Textes und dem Titel „Beste Geschichte meines Lebens" her.
- Notiere, was dich eventuell irritiert oder überrascht hat.
- Suche nach einer anderen Überschrift.
- Welche Botschaft transportiert Wolfdietrich Schnurres Geschichte? Überlege, ob das dargestellte Thema des Textes aktuell, die Botschaft noch gültig und zu verstehen ist.

17 Werte alle Aufzeichnungen aus, die du dir bisher erarbeitet hast. Unterscheide zwischen Wichtigem und Nebensächlichem. Prüfe deine Interpretationshypothese (Aufgabe 4) anhand deiner Untersuchungsergebnisse. Formuliere deine Deutung des Textes. Stelle auch einen Zusammenhang zwischen Inhalt, Form und Sprache des Textes her.

3 Lyrische Texte untersuchen und interpretieren

3.1 Gestaltungsmittel und Untersuchungsaspekte

Lyrische Texte sind in **verschlüsselter Sprache** geschrieben – man kann sie als besonders **subjektiv** und **sprachlich verdichtet** bezeichnen. Aus diesem Grund ist es wichtig, auffällige formale und sprachliche Gestaltungsmittel in Gedichten genau zu untersuchen und nachvollziehbar darzustellen.

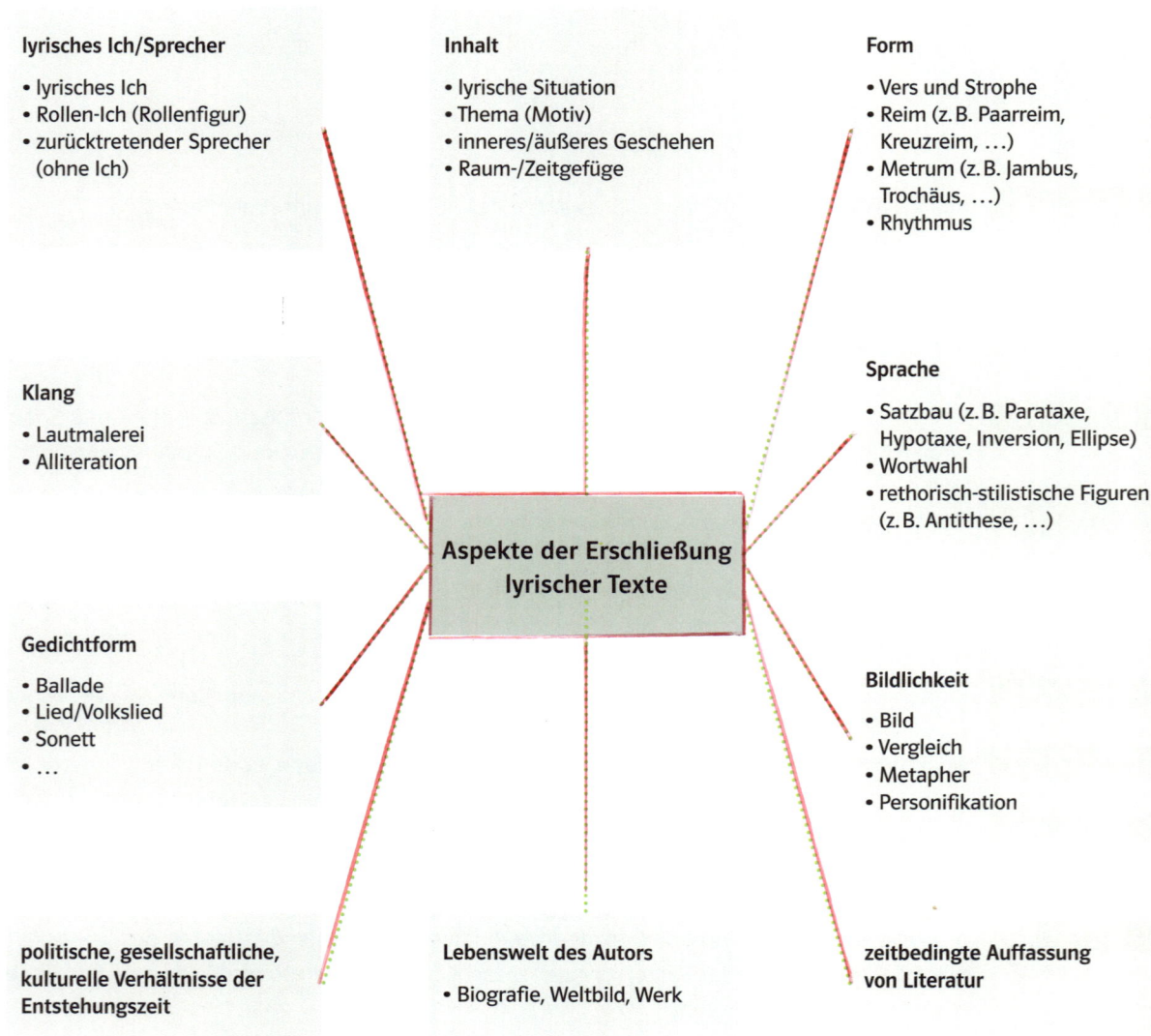

lyrisches Ich/Sprecher
- lyrisches Ich
- Rollen-Ich (Rollenfigur)
- zurücktretender Sprecher (ohne Ich)

Inhalt
- lyrische Situation
- Thema (Motiv)
- inneres/äußeres Geschehen
- Raum-/Zeitgefüge

Form
- Vers und Strophe
- Reim (z. B. Paarreim, Kreuzreim, …)
- Metrum (z. B. Jambus, Trochäus, …)
- Rhythmus

Klang
- Lautmalerei
- Alliteration

Sprache
- Satzbau (z. B. Parataxe, Hypotaxe, Inversion, Ellipse)
- Wortwahl
- rethorisch-stilistische Figuren (z. B. Antithese, …)

Aspekte der Erschließung lyrischer Texte

Gedichtform
- Ballade
- Lied/Volkslied
- Sonett
- …

Bildlichkeit
- Bild
- Vergleich
- Metapher
- Personifikation

politische, gesellschaftliche, kulturelle Verhältnisse der Entstehungszeit

Lebenswelt des Autors
- Biografie, Weltbild, Werk

zeitbedingte Auffassung von Literatur

1 Kläre mithilfe des Anhangs (Seite 88–91) Begriffe, die dir unbekannt sind.

2 Notiere mithilfe des Anhangs (Seite 91) in Stichworten die Merkmale einer Ballade, eines Liedes und eines Sonetts. *Orientierungswissen*

| verliebt | gekränkt | Anapäst | Königin | Liebende | Leben |

| Betrug | Daktylus | Jambus | Element | Abend | Paradies |

| x×́ | ×́x | ×́xx | xx×́ |

3 Nicht nur Verse, sondern auch jedes einzelne mehrsilbige Wort folgt einem Taktschema. Notiere als Erstes im Tabellenkopf die entsprechende Taktfolge. Ordne dann die Wörter in die richtige Spalte ein. Ergänze noch eigene Beispiele.

JAMBUS (x×́)	TROCHÄUS	ANAPÄST	DAKTYLUS

4 Markiere in den Gedichtauszügen die betonten Silben mit einem Akzentstrich (z. B. Der Mónd ist áufgegángen) und kreuze anschließend an, um welches Metrum es sich handelt.

		DAKTYLUS	JAMBUS	ANAPÄST	TROCHÄUS
a)	Friedrich Leopold von Stolberg Mitten im Schimmer der spiegelnden Wellen Gleitet wie Schwäne der wankende Kahn;	☐	☐	☐	☐
b)	Johann Gaudenz von Salis-Seewis Bunt sind schon die Wälder, Gelb die Stoppelfelder,	☐	☐	☐	☐
c)	Friedrich von Schiller Und es wallet und siedet und brauset und zischt, Wie wenn Wasser mit Feuer sich mengt,	☐	☐	☐	☐
d)	Joseph von Eichendorff In einem kühlen Grunde Da steht ein Mühlenrad	☐	☐	☐	☐

Gottfried Keller: Sommernacht (1846)

Es wallt das Korn weit in die Runde
Und wie ein Meer dehnt es sich aus;
Doch liegt auf seinem stillen Grunde
Nicht Seegewürm noch andrer Graus;
5 Da träumen Blumen nur von Kränzen
Und trinken der Gestirne Schein,
O goldnes Meer, dein friedlich Glänzen
Saugt meine Seele gierig ein!

5 Lies die erste Strophe des Gedichts „Sommernacht" (Seite 15). Bestimme das Metrum.

6 Untersuche nun die beiden ersten Verse genauer. Wo würdest du Sinnbetonungen setzen? Trage farbig die Aktzentstriche entsprechend ein.

Es wallt das Korn in die Runde
Und wie ein Meer dehnt es sich aus.

7 In der ersten Strophe des Gedichts „Sommernacht" (Seite 15) sind ein Vergleich, eine Personifikation und eine Metapher unterstrichen. Markiere sie mit unterschiedlichen Farben. Suche weitere Personifikationen und kennzeichne sie mit der entsprechenden Farbe.

Halstuch	Buchrücken	Dachlawine	Rückenschmerzen	Kopfverletzung	Redefluss
Schuldenlawine	Flutkatastrophe	Nadelkopf	Flussmündung	Bilderflut	Flaschenhals

8 Viele Metaphern gehören fest zur Alltagssprache. Oft werden diese Metaphern gar nicht mehr als solche wahrgenommen (z. B. „Tischbein" – eigentlich haben nur Menschen und Tiere Beine). Überprüfe die Wörter. Notiere alle Metaphern.

_____

_____

_____

_____

_____

_____

Oskar Loerke: Blauer Abend in Berlin (1911)

Der Himmel fließt in steinernen Kanälen;
Denn zu Kanälen steilrecht ausgehauen
Sind alle Straßen, voll vom Himmelblauen;
Und Kuppeln gleichen Bojen, Schlote Pfählen

5 Im Wasser. Schwarze Essendämpfe schwelen
Und sind wie Wasserpflanzen anzuschauen.
Die Leben, die sich ganz am Grunde stauen,
Beginnen sacht vom Himmel zu erzählen,

Gemengt, entwirrt nach blauen Melodien.
10 Wie eines Wassers Bodensatz und Tand
Regt sie des Wassers Wille und Verstand

Im Dünen, Kommen, Gehen, Gleiten, Ziehen.
Die Menschen sind wie grober bunter Sand
Im linden Spiel der großen Wellenhand.

9 Untersuche, mit welchen sprachlichen und bildnerischen Mitteln die Atmosphäre in der Stadt gestaltet wird. Notiere Stichpunkte im Heft.

3.2 Gedichte analysieren und interpretieren

Wenn du ein Gedicht analysieren und interpretieren sollst und keine konkreten Erschließungsaspekte oder eine bestimmte Vorgehensweise vorgegeben sind, kannst du **so verfahren**:
- **Assoziationen** und **erste Eindrücke** zum Gedicht notieren
- **Inhalt** des Gedichts klären
- **Interpretationshypothese** (vorläufiges Textverständnis) formulieren
- sprachliche und formale **Gestaltungsmittel** des Gedichtes analysieren
- **Zusammenhang von Inhalt und Form** untersuchen
- **Aussage** und **Wirkung** des Gedichtes erschließen
- **Deutung** mit ursprünglicher Interpretationshypothese **vergleichen**, diese ggf. verändern

Alfred Wolfenstein: Städter (1914)

Dicht wie Löcher eines Siebes stehn
Fenster dicht beieinander, drängend fassen
Häuser sich so dicht an, dass die Straßen
Grau geschwollen wie Gewürgte stehn.

5 Ineinander dicht gehakt
Sitzen in den Trams die zwei Fassaden
Leute, ihre Blicke baden
Ineinander, ohne Scheu befragt.

Unsre Wände sind so dünn wie Haut,
10 Dass ein jeder teilnimmt, wenn ich weine.
Unser Flüstern, Denken … wie Gegröle …

– Und wie still in dick verschlossener Höhle
Ganz unangerührt und ungeschaut
Steht ein jeder fern und fühlt: alleine.

✱ Tram: Straßenbahn

Bearbeite die folgenden Aufgaben auf einem Extrablatt.

1 Notiere deine ersten Assoziationen zur Überschrift „Städter". Lies das Gedicht und schreibe alles, was dir auffällt, woran du denken musst, woran du dich erinnert fühlst, … auf.

2 Halte deine ersten Eindrücke zu Inhalt, Aussage und Form des Gedichtes fest.

3 Kläre dir unbekannte oder sperrige Begriffe und den Inhalt des Gedichtes. Verfasse eine Inhaltsangabe. Gehe strophenweise vor.

4 Formuliere deine Interpretationshypothese knapp und präzise. Sie soll das Thema und eine Deutung des Gedichtes beinhalten.

5 Analysiere die sprachlichen und stilistischen Besonderheiten des Gedichtes. Achte besonders auf Personifikationen, Vergleiche, Metaphern und Verdinglichungen. Entschlüssle, was durch die sprachlichen Bilder zum Ausdruck gebracht wird.

6 Untersuche den Zusammenhang von Inhalt und Form des Gedichtes. Achte dabei u. a. auf den Satzbau, die Verwendung von Satzzeichen, die Reimformen und die Länge der Strophen.

7 Informiere dich über den Autor, seine Zeit, sein Werk und die Entstehung des Textes.

8 Werte alle Aufzeichnungen aus, die du bisher erarbeitet hast. Unterscheide zwischen Wichtigem und Nebensächlichem.
- Prüfe deine Interpretationshypothese (Aufgabe 4) anhand deiner Untersuchungsergebnisse.
- Formuliere die Aussage des Gedichtes und beschreibe seine Wirkung.
- Stelle auch einen Zusammenhang zwischen Inhalt, Form und Sprache des Gedichtes her.

4 Dramatische Texte untersuchen und interpretieren

4.1 Gestaltungsmittel und Untersuchungsaspekte

Dramatische Texte (auch: szenische Texte) sind als **Spielvorlage** geschrieben und gestaltet. Erst durch die **Inszenierung** und **Aufführung** wird ein Theaterstück lebendig. Deswegen spielen beim Drama auch andere Gestaltungsmittel eine Rolle als bei den epischen und lyrischen Texten.

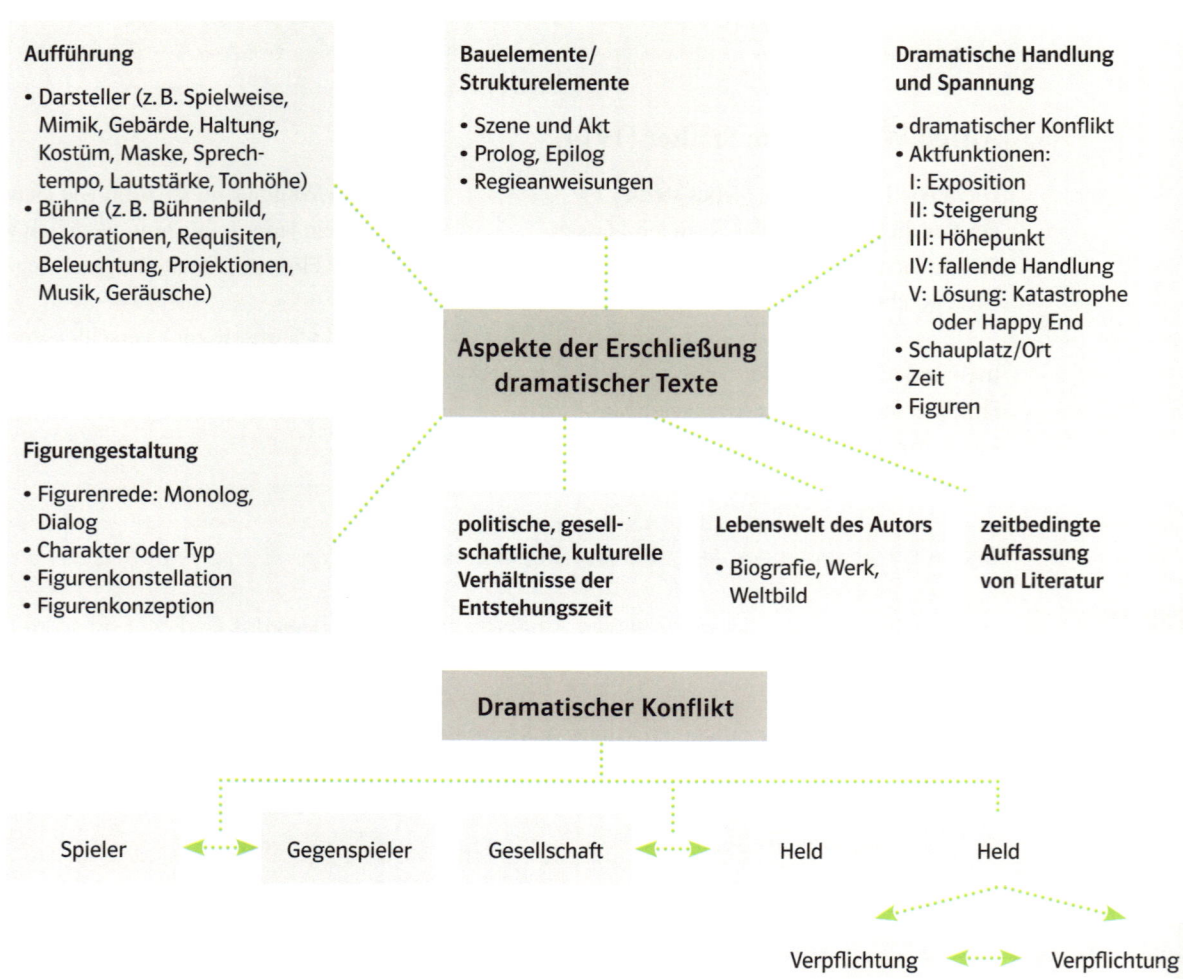

Aufführung

- Darsteller (z. B. Spielweise, Mimik, Gebärde, Haltung, Kostüm, Maske, Sprechtempo, Lautstärke, Tonhöhe)
- Bühne (z. B. Bühnenbild, Dekorationen, Requisiten, Beleuchtung, Projektionen, Musik, Geräusche)

Bauelemente/ Strukturelemente

- Szene und Akt
- Prolog, Epilog
- Regieanweisungen

Dramatische Handlung und Spannung

- dramatischer Konflikt
- Aktfunktionen:
  - I: Exposition
  - II: Steigerung
  - III: Höhepunkt
  - IV: fallende Handlung
  - V: Lösung: Katastrophe oder Happy End
- Schauplatz/Ort
- Zeit
- Figuren

Aspekte der Erschließung dramatischer Texte

Figurengestaltung

- Figurenrede: Monolog, Dialog
- Charakter oder Typ
- Figurenkonstellation
- Figurenkonzeption

politische, gesellschaftliche, kulturelle Verhältnisse der Entstehungszeit

Lebenswelt des Autors

- Biografie, Werk, Weltbild

zeitbedingte Auffassung von Literatur

Dramatischer Konflikt

Spieler ←···→ Gegenspieler   Gesellschaft ←···→ Held   Held

Verpflichtung ←···→ Verpflichtung

Handlung und Spannungsbogen im Drama

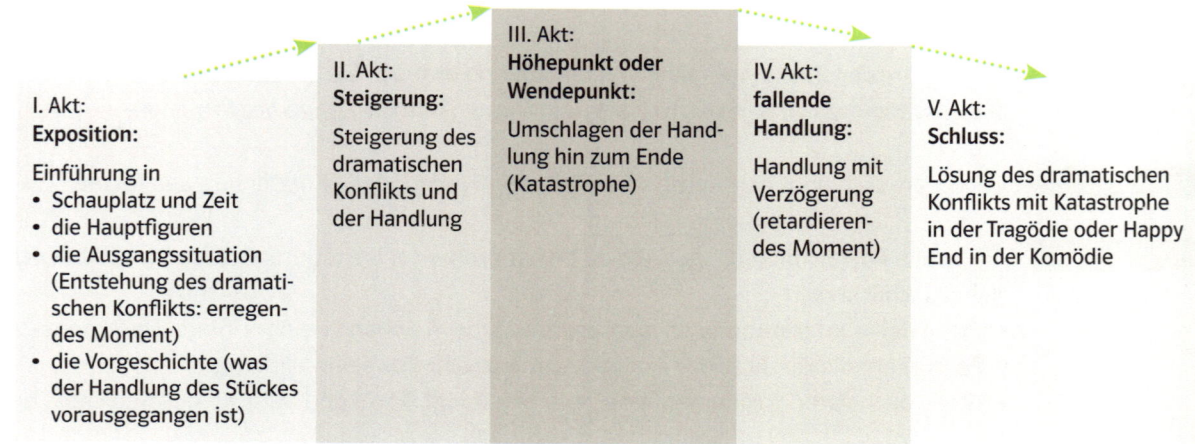

I. Akt: Exposition:

Einführung in
- Schauplatz und Zeit
- die Hauptfiguren
- die Ausgangssituation (Entstehung des dramatischen Konflikts: erregendes Moment)
- die Vorgeschichte (was der Handlung des Stückes vorausgegangen ist)

II. Akt: Steigerung:

Steigerung des dramatischen Konflikts und der Handlung

III. Akt: Höhepunkt oder Wendepunkt:

Umschlagen der Handlung hin zum Ende (Katastrophe)

IV. Akt: fallende Handlung:

Handlung mit Verzögerung (retardierendes Moment)

V. Akt: Schluss:

Lösung des dramatischen Konflikts mit Katastrophe in der Tragödie oder Happy End in der Komödie

Otto Waalkes: Die verflixte Rechenaufgabe (1984)

Wir befinden uns im Wohnzimmer der Familie Redlich. Vater Redlich sitzt gemütlich in seinem Fernsehsessel und buchstabiert im milden Schein der Leselampe seine geliebte Bildzeitung. Mutter Redlich poliert ihren geliebten Gummibaum. Beider Sohn sitzt über seinen Schulbüchern und macht seine Hausaufgaben. Er versucht es zumindest …

SOHN: Papa!

VATER *(abwesend)*: Ja?

SOHN: Ich hab hier 'ne Rechenaufgabe.

VATER: Meinetwegen. Aber komm nicht so spät nach Hause!

5 SOHN: Ich hab hier 'ne Rechenaufgabe, die krieg' ich nicht raus!

VATER *(bei der Sache)*: Was? Die kriegst du nicht raus? Zeig mal her.

SOHN: Hier. 28 durch 7.

VATER: 28 durch 7? Und das kriegst du nicht raus? Elke!! Dein Sohn kriegt 28 durch 7 nicht raus!

MUTTER: Dann hilf ihm doch!

10 SOHN: Was heißt denn 28 durch 7, Papa? Wofür brauch' ich das denn?

VATER: Wofür? Wofür? Alle naslang brauchst du das! Stell dir vor, du hast 28 Äpfel, ihr seid sieben Buben und wollt die Äpfel untereinander aufteilen!

SOHN: Wir sind aber nur vier! Der Fips, der Kurt, sein Bruder und ich!

VATER: Dann nehmt ihr halt noch den Erwin, den Gerd und den Henner dazu, dann seid ihr …

15 SOHN: Der Henner ist blöd. Der kriegt keinen Apfel.

VATER: Na, dann musst du halt sehen, wen du sonst noch auf der Straße triffst.

MUTTER: Der Junge geht mir nicht auf die Straße! Der macht jetzt seine Schulaufgaben!

VATER: Jetzt misch dich nicht auch noch ein! Oder weißt du eine bessere Erklärung dafür, wie 28 durch 7 geht?

20 MUTTER: Jedenfalls geht der Junge nicht auf die Straße!

VATER: Gut! Er bleibt hier! Wir haben also keine sieben Buben, sondern nur 28 Äpfel und die teilen wir jetzt durch sieben Birnen, das macht …

MUTTER: Aber Hermann! Das geht doch gar nicht!

VATER: Jaja, 's war falsch … Nun mach doch nicht alles so kompliziert! Ihr seid also keine sieben

25 Birnen … äh … Buben … ihr seid sieben … sieben … na! Sieben Zwerge! Ihr seid sieben Zwerge.

SOHN: Und?

VATER: Und die haben zusammen eine 28-Zimmer-Wohnung!

MUTTER: Ach Gott, Hermann, es gibt doch in der ganzen Stadt keine 28-Zimmer-Wohnung!

VATER: Natürlich nicht! Es gibt ja auch in der ganzen Stadt keine sieben Zwerge, verdammt

30 noch mal! Wenn ich deine unqualifizierten Bemerkungen schon höre!

MUTTER: Unqualifiziert! Aha! Und was machen deine sieben Zwerge in ihrer 28-Zimmer-Wohnung?

VATER: Wohnen! Was denn sonst? 28 Zimmer durch sieben Zwerge!

MUTTER: Soso! Die geh'n da durch. Hintereinander – wie?

35 SOHN: Und was macht das Schneewittchen, Papa?

VATER: Die? Die soll bleiben, wo sie ist, die dumme Nuss! […]

Informationen zum Verfasser und zur Entstehungszeit	Dialog- bzw. Gesprächsführung

Überschrift	Sprache	Textart	Figuren

Handlung und Konflikt	Gesamtwirkung der Szene	Aussageabsicht	Thema

1 Untersuche mithilfe der Bausteine den szenischen Text. Notiere Stichpunkte im Heft.

Gestik und Mimik	Charakter oder Typ	Lösung als Happy End oder Katastrophe
Höhe- oder Wendepunkt	Regieanweisung	Figurenrede	Bühnenbild
Kostüme	Exposition	Szene	Prolog	Akt

2 Ordne die Gestaltungsmittel den richtigen Oberbegriffen zu.

Aktfunktionen: _____

Bauelemente: _____

Figurengestaltung: _____

Aufführung: _____

3 Wende die Fachbegriffe an, indem du an dem Text „Die verflixte Rechenaufgabe" (Seite 19) einige der Gestaltungsmittel in szenischen Texten nachweist und erläuterst.

_____

_____

_____

Tragödie	Komödie	Bürgerliches Trauerspiel	Hörspiel	Sketch

MERKMALE	DRAMENFORM/TEXTART UND BEISPIEL
während der Aufklärung im 18. Jahrhundert entstandene Dramenform, in der das tragische Schicksal von Menschen bürgerlichen Standes, meist im Konflikt mit Menschen aus dem Adel, gestaltet wird	
kurze dramatische Szene, die in meist witzig-ironischer und/oder satirischer Form ein umstrittenes, oft aktuelles Thema gestaltet	
eine für den Rundfunk produzierte Form von szenischen Texten, die sich ausschließlich akustischer Mittel bedient	
Dramenform, die einen unlösbaren Konflikt gestaltet, der zum Untergang des Helden führt	
Dramenform, die einen Scheinkonflikt gestaltet, der meist durch menschliche Schwächen hervorgerufen wird; die Konfliktlösung erzeugt beim Zuschauer Heiterkeit	

4 Ordne mithilfe des Anhangs (Seite 94) den Merkmalen die jeweilige Dramenform und je ein Beispiel zu.

5 Zeige an dem szenischen Text „Die verflixte Rechenaufgabe" (Seite 19) die besondere Bedeutung der Textart/Dramenform für die Aussage bzw. Wirkung des Textes auf. Notiere Stichpunkte.

_____

_____

4.2   Szenische Texte analysieren und interpretieren

Wenn du **eine Szene analysieren und interpretieren** sollst, kannst du so vorgehen:
- das **Thema** der Szene angeben, die Szene in den **Handlungszusammenhang** einordnen
- den **Inhalt** zusammenfassen, den **Konflikt**, den **Schauplatz** und die **Zeit** erläutern
- die **Figuren** beschreiben: Konstellation, Absichten, Handeln, Dialogführung, Sprache
- die Bedeutung der Szene für die **Gesamtaussage** des Stückes erklären

Friedrich Dürrenmatt: Der Besuch der alten Dame (1955)

Claire Zachanassian wird von ihrem Jugendfreund Ill, nachdem er sie geschwängert hat, verlassen. Jahre später taucht sie in ihrer Heimatstadt Güllen auf und bietet für Ills Kopf eine Milliarde.

Achtung: alte Rechtschreibung

ILL: Du hattest – ich meine, wir hatten ein Kind?

CLAIRE ZACHANASSIAN: Gewiß.

ILL: War es ein Bub oder ein Mädchen?

CLAIRE ZACHANASSIAN: Ein Mädchen.

5 ILL: Und was hast du ihm für einen Namen gegeben?

CLAIRE ZACHANASSIAN: Geneviève.

ILL: Hübscher Name.

CLAIRE ZACHANASSIAN: Ich sah das Ding nur einmal. Bei der Geburt. Dann wurde es genommen. Von der christlichen Fürsorge.

10 ILL: Die Augen?

CLAIRE ZACHANASSIAN: Die waren noch nicht offen.

ILL: Die Haare?

CLAIRE ZACHANASSIAN: Schwarz, glaube ich, doch das sind sie ja oft bei Neugeborenen.

ILL: Das ist wohl so.

15 *Schweigen. Rauchen. Gitarre.*

ILL: Bei wem ist es gestorben?

CLAIRE ZACHANASSIAN: Bei Leuten. Ich habe die Namen vergessen.

ILL: Woran?

CLAIRE ZACHANASSIAN: Hirnhautentzündung. Vielleicht auch etwas anderes. Ich erhielt eine
20 Karte von der Behörde.

ILL: Bei Todesfall kann man sich auf die verlassen.

Schweigen.

CLAIRE ZACHANASSIAN: Ich erzählte dir von unserem Mädchen. Nun erzähl von mir.

ILL: Von dir?

25 **CLAIRE ZACHANASSIAN:** Wie ich war, als ich siebzehn war, als du mich liebtest.

ILL: Mußte dich einmal lange suchen in der Peterschen Scheune, fand dich in der Droschke im
bloßen Hemd mit einem langen Strohhalm zwischen den Lippen.

CLAIRE ZACHANASSIAN: Du warst stark und mutig. Hast gegen den Eisenbähnler gekämpft, der
mir nachstrich. Ich wischte dir das Blut aus dem Gesicht mit meinem roten Unterrock. [...]

30 ILL: Nun ist es so weit. Wir sitzen zum letzten Mal in unserem bösen Wald voll Kuckuck und
Windesrauschen.

Die Bäume bewegen ihre Äste.

ILL: Heute Abend versammelt sich die Gemeinde. Man wird mich zum Tode verurteilen, und
einer wird mich töten. Ich weiß nicht, wer es sein wird und wo es geschehen wird, ich weiß
35 nur, daß ich ein sinnloses Leben beende.

CLAIRE ZACHANASSIAN: Ich liebte dich. Du hast mich verraten. Doch den Traum von Leben, von
Liebe, von Vertrauen, diesen einst wirklichen Traum habe ich nicht vergessen. Ich will ihn
wieder errichten mit meinen Milliarden, die Vergangenheit ändern, indem ich dich vernichte.

Bearbeite die folgenden Aufgaben auf einem Extrablatt.

: 1 Lies den Text mit dem Stift. Markiere Auffälliges und Wichtiges.

: 2 Benenne das Thema und den Konflikt dieser Szene und fasse den Inhalt kurz zusammen. Achte auch auf den Schauplatz und die Zeit der Handlung. Untersuche die beiden Figuren genauer. Formuliere dein erstes Textverständnis in einer Interpretationshypothese.

: 3 Welche Erlebnisse rufen sich die beiden Dialogpartner in Erinnerung? Analysiere, auf welche Art und Weise diese Erinnerungen sprachlich vergegenwärtigt werden.

: 4 Informiere dich in einem Lexikon über das Theaterstück und ordne den Szenenausschnitt kurz in den Handlungszusammenhang des Dramas ein.

: 5 Deute deine Ergebnisse in Bezug auf die Wirkung des Szenenausschnitts: Welchen Eindruck gewinnt der Zuschauer vom Verhältnis der beiden Figuren zueinander? Erläutere und begründe, wie du diesen Ausschnitt auf der Bühne inszenieren würdest.

: 6 Werte alle Aufzeichnungen aus, die du bisher erarbeitet hast. Prüfe deine Interpretationshypothese (Aufgabe 2) anhand deiner Untersuchungsergebnisse. Interpretiere diese Szene schriftlich.

Wenn du **eine Figur analysieren und interpretieren** sollst, kannst du so vorgehen:
- das **äußere Erscheinungsbild**, besondere **Auffälligkeiten** (z. B. Aussehen, Gestik, Mimik, Verhalten, Sprache, Gesprächsverhalten) beschreiben
- die **Lebensumstände** (z. B. gesellschaftliches Umfeld, soziale Position, Vorgeschichte) einbeziehen
- die Beziehung zu anderen Figuren (**Figurenkonstellation**) kennzeichnen
- die **Bedeutung** der Figur im Stück festhalten (z. B. Hauptfigur, Nebenfigur, Gegenspieler)
- die **innere Einstellung**, die **Interessen**, die **Absichten** erschließen
- die **Gedanken** und **Gefühle** darstellen
- ggf. die Gestaltungsweise auf der **Bühne** einbeziehen

Friedrich Schiller: Kabale und Liebe (1782/1783) [1. Akt, 1. Szene]

Zimmer beim Musikus

Miller steht eben vom Sessel auf und stellt seine Violoncell auf die Seite. An einem Tisch sitzt Frau Millerin noch im Nachtgewand und trinkt ihren Kaffee.

MILLER *(schnell auf und ab gehend):* Einmal für allemal. Der Handel wird ernsthaft. Meine
5 Tochter kommt mit dem Baron ins Geschrei. Mein Haus wird verrufen. Der Präsident bekommt Wind, und – kurz und gut, ich biete dem Junker aus.

FRAU: Du hast ihn nicht in dein Haus geschwatzt – hast ihm deine Tochter nicht nachgeworfen.

MILLER: Hab ihn nicht in mein Haus geschwatzt – hab ihm 's Mädel nicht nachgeworfen; wer nimmt Notiz davon? – Ich war Herr im Haus. Ich hätt' meine Tochter mehr koram
10 nehmen sollen. Ich hätt' dem Major besser auftrumpfen sollen – oder hätt' gleich alles seiner Exzellenz, dem Herrn Papa, stecken sollen. Der junge Baron bringt's mit einem Wischer hinaus, das muss ich wissen, und alles Wetter kommt über den Geiger.

FRAU *(schlürft eine Tasse aus):* Possen! Geschwätz! Was kann über dich kommen? Wer kann dir was anhaben? Du gehst deiner Profession nach und raffst Scholaren zusammen, wo sie zu
15 kriegen sind.

ich biete dem Junker aus: ich verbiete dem Junker das Haus

koram nehmen: zur Rede stellen

Wischer: Verweis

Profession: Beruf
Scholaren: Schüler

Kommerz: Handel, Angelegenheit

eins hinsetzen: ein Kind machen

führt sich ab: lässt sie sitzen

Windfuß: Leichtfuß, Windhund

unterm Dach: im Kopf

parterre: untenrum

Billetter: Briefe, Liebesbriefe

Alfanzereien: dummes Zeug

spanische Mucken: spanische Fliegen, Aphrodisiakum

MILLER: Aber, sag mir doch, was wird bei dem ganzen Kommerz herauskommen? – Nehmen kann er das Mädel nicht – Vom Nehmen ist gar die Rede nicht, und zu einer – dass Gott erbarm'! – Guten Morgen! […] Er wird sie, dir auf der Nase, beschwatzen, dem Mädel eins
20 hinsetzen und führt sich ab, und das Mädel ist verschimpfiert auf ihr Leben lang, bleibt sitzen, oder hat's Handwerk verschmeckt, treibt's fort (als Hure). *(Die Faust vor die Stirn.)* Jesus Christus!

FRAU: Gott behüt' uns in Gnaden!

MILLER: Es hat sich zu behüten –. Worauf kann so ein Windfuß wohl sonst sein Ansehen richten? – Das Mädel ist schön – schlank – führt seinen netten Fuß. Unterm Dach mag's
25 aussehen wie's will. Darüber kuckt man bei euch Weibsleuten weg, wenn's nur der liebe Gott parterre nicht hat fehlen lassen. – Stöbert mein Springinsfeld erst noch dieses Kapitel aus – he da! Geht ihm ein Licht auf […] ich verdenk's ihm gar nicht. Mensch ist Mensch. Das muss ich wissen.

FRAU: Solltest nur die wunderhübsche Billetter auch lesen, die der gnädige Herr an deine
30 Tochter als schreiben tut. Guter Gott! Da sieht man's ja sonnenklar, wie es ihm pur um die schöne Seele zu tun ist.

MILLER: Das ist die rechte Höhe. Auf den Sack schlagt man; den Esel meint man. Wer einen Gruß an das liebe Fleisch zu bestellen hat, darf nur das gute Herz Boten gehen lassen. […]

FRAU: Sieh doch nur erst die prächtigen Bücher an, die der Herr Major ins Haus geschafft
35 haben. Deine Tochter betet auch immer daraus.

MILLER *(pfeift):* Hui da! Betet! […] Ins Feuer mit dem Quark. Da saugt mir das Mädel – weiß Gott, was als für? – überhimmlische Alfanzereien ein, das läuft dann wie spanische Mucken ins Blut und wirft mir die Handvoll Christentum noch gar auseinander, die der Vater mit knapper Not soso noch zusammenhielt. Ins Feuer, sag ich. Das Mädel setzt sich alles Teufels-
40 gezeug in den Kopf; über all dem Herumschwänzen findet's zuletzt seine Heimat nicht mehr, vergisst, schämt sich, dass sein Vater Miller der Geiger ist und verschlägt mir am Ende einen wackern ehrbaren Schwiegersohn […] *(Er springt auf, hitzig)* Gleich muss die Pastete auf den Herd, und dem Major – ja ja dem Major will ich weisen, wo Meister Zimmermann das Loch gemacht hat *(Er will fort)*
[…]

Bearbeite die folgenden Aufgaben auf einem Extrablatt.

: 1 Lies den Dramenanfang und halte deine ersten Eindrücke zu Inhalt und Sprache fest.

: 2 Lies den Text ein zweites Mal mit dem Stift. Benenne anschließend das Thema/den Konflikt und fasse kurz den Inhalt des Dramenanfangs zusammen.

: 3 Untersuche die Figur Miller genauer: Markiere im Text alle Hinweise auf sein Äußeres. Analysiere sein Verhalten, seine Sprache und sein Gesprächsverhalten.

: 4 Bestimme die Beziehung zwischen Miller und seiner Frau in dieser Szene.

: 5 Informiere dich über den Inhalt des Stückes und mache dir klar, welche Bedeutung der Figur Miller im Stück zukommt. Überlege, welche soziale Position Miller einnimmt. Versuche seine Einstellung, seine Interessen und Absichten zu erschließen. Erläutere und begründe, wie du dir Miller in diesem Dramenausschnitt auf der Bühne vorstellen würdest.

: 6 Werte alle Aufzeichnungen aus, die du bisher erarbeitet hast. Analysiere und interpretiere die Figur Miller in einem zusammenhängenden schriftlichen Text.

Wenn du **einen Dialog analysieren und interpretieren** sollst, kannst du so vorgehen:
- das **Thema** des Dialogs angeben, die **Gesprächsphasen** darstellen
- das **Gesprächsverhalten** und die **Gesprächsstrategien** der Figuren erläutern
- den **Gesprächsverlauf** verdeutlichen, das **Gesprächsergebnis** festhalten
- den Einfluss der **historischen Situation** auf die Dialoggestaltung einbeziehen

Bearbeite die folgenden Aufgaben auf einem Extrablatt.

1 Lies auf Seite 22 f. den Anfang des Dramas „Kabale und Liebe" von Friedrich Schiller und halte deine ersten Eindrücke zu Inhalt und Sprache fest.

2 Lies den Text ein zweites Mal mit dem Stift. Benenne anschließend das Thema/den Konflikt und fasse kurz den Inhalt der Szene zusammen. Prüfe, ob du das Gespräch in verschiedene Phasen einteilen kannst.

3 Die Sprache der Figuren ist für den heutigen Leser/Zuschauer nicht leicht zu verstehen. Überlege, woran das liegt. Erkunde Inhalt und Sinn dessen, was Miller und seine Frau sagen, indem du ihren Dialog in heutiger Sprache paraphrasierst. Du kannst dich an dem Beispiel orientieren.

> Miller: Die Liebesbeziehung zwischen meiner Tochter Luise und dem Major Ferdinand von Walter wird ernsthaft. Man klatscht schon darüber und wir kommen in einen schlechten Ruf. Am Ende erfährt auch noch der Vater Ferdinands, der Präsident von Walter, von der Beziehung. Kurz: Ich verbiete dem jungen Mann mein Haus.
> 5 Frau: Unsinn, du hast doch Ferdinand nicht in unser Haus gelockt …

4 Analysiere und interpretiere den Dialog. Gehe dabei in Stichpunkten auf folgende Aspekte ein:
- Welche Interessen und Absichten haben die Figuren?
- Welches Gesprächsverhalten haben sie?
- Welche Redestrategien verfolgen sie?
- Wie ist der Gesprächsverlauf?
- Welches Gesprächsergebnis gibt es am Ende?

5 Werte alle Aufzeichnungen aus, die du bisher erarbeitet hast. Analysiere und interpretiere den Dialog in einem zusammenhängenden schriftlichen Text. Gehe dabei auch auf die Lebensumstände der damaligen Zeit ein. Du kannst z. B. so beginnen:

> Die Exposition des Stückes kennzeichnet sogleich den Konflikt, um den es geht. Luise als Bürgerstochter hat sich in den adligen Major von Walter verliebt und dieser macht ihr offenbar ernsthafte Hoffnungen. Luises Vater, der Musiker Miller, weiß, dass aus dieser Beziehung nichts werden kann, denn sie würde die Ordnung seines Hauses gefährden und die natürlichen Schranken der Ständeordnung sprengen. Er weiß
> 5 auch, dass der Präsident, der Vater Ferdinands, zwar einem Liebensverhältnis seines Sohnes mit einer Bürgerlichen zustimmen würde, niemals aber einer ernsthaften Beziehung oder gar einer Ehe.
> Millers Frau sieht das anders. Sie fühlt sich geschmeichelt und würde gerne gesellschaftlich höher hinaus. Deshalb versucht sie ihrem Mann die Sache schmackhaft zu machen. So weist sie zunächst alle Schuld an dem Verhältnis ab; außerdem gehe es Ferdinand lediglich um eine schöngeistige Beziehung, wenn er …

5   Prüfe dich selbst

Kann ich literarische Texte den drei Gattungen zuordnen?

: 1   Unterscheide kurz die drei literarischen Gattungen und suche je einen Beispieltext aus deinem Arbeitsheft.

EPISCHE TEXTE (EPIK)	LYRISCHE TEXTE (LYRIK)	DRAMATISCHE TEXTE (DRAMATIK)

Kann ich erzählende Texte analysieren und interpretieren?

: 2   Analysiere und interpretiere die Kurzgeschichte von Walter Helmut Fritz „Augenblicke". Benenne die Erzählperspektive und das Erzählverhalten. Beschreibe die Gefühle und Gedanken von Elsa und ihrer Mutter einerseits und ihre Handlungen andererseits. Erläutere die Funktion der sprachlichen Mittel, wie z. B. die Wiederholung von Satzanfängen. Bewerte Elsas Verhalten. Arbeite im Heft.

Walter Helmut Fritz: Augenblicke (1964)

Kaum stand sie vor dem Spiegel im Badezimmer, um sich herzurichten, als ihre Mutter aus dem Zimmer nebenan zu ihr hereinkam, unter dem Vorwand, sie wolle sich nur die Hände waschen.

Also doch! Wie immer, wie fast immer.

Elsas Mund krampfte sich zusammen. Ihre Finger spannten sich. Ihre Augen wurden schmal. Ruhig bleiben!

Sie hatte darauf gewartet, dass ihre Mutter auch dieses Mal hereinkommen würde, voller Behutsamkeit: mit jener scheinbaren Zurückhaltung, die durch ihre Aufdringlichkeit die Nerven freilegt. Sie hatte – behext, entsetzt, gepeinigt – darauf gewartet, weil sie sich davor fürchtete.

– Komm, ich mach dir Platz, sagte sie zu ihrer Mutter und lächelte ihr zu.

– Nein, bleib nur hier, ich bin gleich so weit, antwortete die Mutter und lächelte.

– Aber es ist doch so eng, sagte Elsa und ging rasch hinaus, über den Flur, in ihr Zimmer.

Sie behielt einige Augenblicke länger als nötig die Klinke in der Hand, wie um die Tür mit Gewalt zuzuhalten. Sie ging auf und ab, von der Tür zum Fenster, vom Fenster zur Tür. Vorsichtig öffnete ihre Mutter. Ich bin schon fertig, sagte sie.

Elsa tat, als ob ihr inzwischen etwas anderes eingefallen wäre, und machte sich an ihrem Tisch zu schaffen.

– Du kannst weitermachen, sagte die Mutter.

– Ja, gleich.

Die Mutter nahm die Verzweiflung ihrer Tochter nicht einmal als Ungeduld wahr.

Wenig später allerdings verließ Elsa das Haus, ohne ihrer Mutter adieu zu sagen. Mit der Tram fuhr sie in die Stadt, in die Gegend der Post. Dort sollte es eine Wohnungsvermittlung geben, hatte sie einmal gehört. Sie hätte zu Hause im Telefonbuch eine Adresse nachsehen können. Sie hatte nicht daran gedacht, als sie die Treppen hinuntergeeilt war.

In einem Geschäft für Haushaltungsgegenstände fragte sie, ob es in der Nähe nicht eine Wohnungsvermittlung gebe. Man bedauerte. Sie fragte in der Apotheke, bekam eine ungenaue

Auskunft. Vielleicht im nächsten Haus. Dort läutete sie. Schilder einer Abendzeitung, einer Reisegesellschaft, einer Kohlenfirma. Sie läutete umsonst.

Es war später Nachmittag, Samstag, zweiundzwanzigster Dezember.

Sie sah in eine Bar hinein. Sie sah den Menschen nach, die vorbeigingen. Sie trieb mit. Sie
30 betrachtete Kinoreklamen.

Sie ging Stunden umher. Sie würde erst spät zurückkehren. Ihre Mutter würde zu Bett gegangen sein. Sie würde ihr nicht mehr gute Nacht zu sagen brauchen.

Sie würde sich, gleich nach Weihnachten, eine Wohnung nehmen. Sie war zwanzig Jahre alt und verdiente. Kein einziges Mal würde sie sich mehr beherrschen können, wenn ihre Mutter zu
35 ihr ins Bad kommen würde, wenn sie sich schminkte. Kein einziges Mal.

Ihre Mutter lebte seit dem Tod ihres Mannes allein. Oft empfand sie Langeweile. Sie wollte mit ihrer Tochter sprechen. Weil sich die Gelegenheit selten ergab (Elsa schützte Arbeit vor), suchte sie sie auf dem Flur zu erreichen oder wenn sie im Bad zu tun hatte. Sie liebte Elsa. Sie verwöhnte sie. Aber sie, Elsa, würde kein einziges Mal mehr ruhig bleiben können, wenn sie
40 wieder zu ihr ins Bad käme.

Elsa floh.

Über der Straße künstliche, blau, rot, gelb erleuchtete Sterne. Sie spürte Zuneigung zu den vielen Leuten, zwischen denen sie ging.

Als sie kurz vor Mitternacht zurückkehrte, war es still in der Wohnung. Sie ging in ihr
45 Zimmer, und es blieb still. Sie dachte daran, dass ihre Mutter alt und oft krank war. Sie kauerte sich in ihren Sessel, und sie hätte unartikuliert schreien mögen, in die Nacht mit ihrer entsetzlichen Gelassenheit.

Kann ich lyrische Texte analysieren und interpretieren?

3 Analysiere und interpretiere das Gedicht von C. F. Meyer „Zwei Segel". Erläutere das zentrale Bild des Gedichts. Untersuche die Darstellung der Bewegung der Segel genauer. Analysiere den Aufbau des Gedichts, den Rhythmus, den Reim und den Satzbau. Stelle einen Zusammenhang zwischen Inhalt und Form des Gedichts her. Arbeite im Heft.

Conrad Ferdinand Meyer: Zwei Segel (1870)

Zwei Segel erhellend
Die tiefblaue Bucht!
Zwei Segel sich schwellend
Zu ruhiger Flucht!

5 Wie eins in den Winden
Sich wölbt und bewegt,
Wird auch das Empfinden
Des andern erregt.

Begehrt eins zu hasten,
10 Das andre geht schnell,
Verlangt eins zu rasten,
Ruht auch sein Gesell.

Kann ich dramatische Texte analysieren und interpretieren?

4 Analysiere und interpretiere den szenischen Ausschnitt aus dem 3. Aufzug, 5. Szene von W. Shakespeares „Romeo und Julia". Gib das Thema des Szenenausschnitts an und ordne die Szene in den Handlungszusammenhang ein. Fasse kurz den Inhalt des Ausschnittes zusammen, benenne den Konflikt und erläutere Schauplatz und Zeit. Analysiere und interpretiere die Figuren. Achte besonders auf Konstellation, Absichten, Handeln, Dialogführung und Sprache. Arbeite im Heft.

William Shakespeare: Romeo und Julia (1597)

Julia und Romeo haben die Nacht miteinander verbracht, nachdem sie zuvor heimlich geheiratet haben. Am Morgen muss Romeo aus der Stadt fliehen, weil er im Kampf Tybalt getötet hat.

❋ **Cynthia:** griech.: Mond

❋ **Philomele:** Figur aus der griechischen Sagenwelt, die in eine Nachtigall verwandelt wurde. Steht hier für Nachtigall

❋ **Mantua:** Stadt, in die Romeo fliehen will

3. Aufzug, 5. Szene

Juliens Zimmer. Romeo und Julia.

JULIA: Willst du schon gehn? Der Tag ist ja noch fern.
Es war die Nachtigall und nicht die Lerche,
5 Die eben jetzt dein banges Ohr durchdrang;
Sie singt des Nachts auf dem Granatbaum dort.
Glaub, Lieber, mir: es war die Nachtigall.

ROMEO: Die Lerche war's, die Tagverkünderin,
Nicht Philomele; sieh den neid'schen Streif,
10 Der dort im Ost der Frühe Wolken säumt.
Die Nacht hat ihre Kerzen ausgebrannt,
Der muntre Tag erklimmt die dunst'gen Höhn;
Nur Eile rettet mich, Verzug ist Tod.

JULIA: Trau mir, das Licht ist nicht des Tages Licht,
15 Die Sonne hauchte dieses Luftbild aus,
Dein Fackelträger diese Nacht zu sein,
Dir auf dem Weg nach Mantua zu leuchten;
Drum bleibe noch: zu gehn ist noch nicht not.

ROMEO: Lass sie mich greifen, ja, lass sie mich töten!
20 Ich gebe gern mich drein, wenn du es willst.

Nein, jenes Grau ist nicht des Morgens Auge,
Der bleiche Abglanz nur von Cynthias Stirn.
Das ist auch nicht die Lerche, deren Schlag
Hoch über uns des Himmels Wölbung trifft.
25 Ich bleibe gern; zum Gehn bin ich verdrossen. –
Willkommen, Tod! hat Julia dich beschlossen. –
Nun, Herz? Noch tagt es nicht, noch plaudern wir.

JULIA: Es tagt, es tagt! Auf! eile! fort von hier!
Es ist die Lerche, die so heiser singt
30 Und falsche Weisen, rauen Misston gurgelt.
Man sagt, der Lerche Harmonie sei süß;
Nicht diese: sie zerreißt die unsre ja.
Die Lerche, sagt man, wechselt mit der Kröte
Die Augen: möchte sie doch auch die Stimme!
35 Die Stimm' ist's ja, die Arm aus Arm uns schreckt,
Dich von mir jagt, da sie den Tag erweckt.
Stets hell und heller wird's: wir müssen scheiden.

ROMEO: Hell? Dunkler stets und dunkler unsere Leiden!

40 *(Die Wärterin kommt herein.)*

6 Kontrolle und Einschätzung, Tipps zur Weiterarbeit

AUFGABE	BEARBEITET AM	WIEDERHOLT AM	😊 KONNTE ICH GUT	😐 DAS WAR MITTEL	☹ MUSS ICH ÜBEN	Wenn du 😐 oder ☹ angekreuzt hast, dann bearbeite folgende Aufgaben im Teil Üben und Anwenden:
: 1						S. 95 (Texte der drei Gattungen)
: 2						S. 63/1–4; S. 64/1, 2; S. 67/1–4
: 3						S. 68/1–5; S. 69/1; S. 70/1–5; S. 71/1–3
: 4						S. 74/1–6; S. 75/1, 2

EINSCHÄTZUNG LEHRERIN/DES LEHRERS ODER DER ELTERN:

1 Einen Interpretationsaufsatz vorbereiten

Wenn du einen Interpretationsaufsatz verfassen willst, solltest du in der ersten Phase folgende Arbeitsschritte machen:

1. Erfassen der **Aufgabenstellung** (Werden konkrete Erschließungsaspekte oder eine bestimmte Vorgehensweise gefordert oder sollst du eine freie Interpretation verfassen?)
2. **Analysieren und Interpretieren** des Textes unter Beachtung der Aufgabenstellung
3. Anfertigen einer **Stoffsammlung**
4. Erstellen eines **Schreibplans**

Aufbau einer schriftlichen Interpretation

EINLEITUNG		HAUPTTEIL		SCHLUSS

• Titel, Autor, Textsorte, Thema/Inhalt (TATT)
• Hinführung zur eigenen Deutung
	kurze Inhaltsangabe	**Genaue Darlegung**
		• klare These zur Deutung des Textes
		• die Stützung der Deutung durch
		  – Zusammenhang zwischen These und ausgewählten Erschließungsaspekten
		  – angemessene Gewichtung der einzelnen Untersuchungsergebnisse
		  – Textbelege und Zitate
		• nachvollziehbare Linie der Interpretation (roter Faden)
			Zusammenfassung der wesentlichen Ergebnisse der Deutung	persönliche Stellungnahme und Transfer
				• Wertung, Urteil
				• Benennen der Bedeutung des Textes für Gegenwart
				• Text vergleichend einordnen

1	**2** informieren	**3** beschreiben, erklären, deuten	**4** zusammenfassen	**5**

☐ Zusammenfassend hat die genaue Textbetrachtung gezeigt, dass …	☐ Die Geschichte wirft die Frage auf, warum …	☐ In der Kurzgeschichte … von … geht es um …	☐ Schon am Beginn der Geschichte …
☐ Mir gefällt die Geschichte, weil …	☐ Die Geschichte wird aus der Sicht eines kleinen Jungen erzählt, der …	☐ Die Geschichte handelt von …	☐ Von der Erwartungshaltung des Lesers weicht die Geschichte ab, als …
☐ Eine besonders große Wirkung auf den Leser geht vom Erzählverhalten aus, das …	☐ Das Ende hinterlässt beim Leser die Frage …	☐ Die Kurzgeschichte … bringt den Leser dazu, …	☐ Der letzte Satz zeigt, dass …

▸ **1** Ordne die Formulierungen den fünf Teilschritten einer schriftlichen Interpretation zu.

:2 Erstelle aus der Stoffsammlung (Seite 12 f., Aufgabe 1–17), die du zu dem Text „Beste Geschichte meines Lebens" von Wolfdietrich Schnurre (Seite 12) angefertigt hast, einen Schreibplan. Arbeite im Heft.
- Orientiere dich am Aufbau einer schriftlichen Interpretation auf Seite 28.
- Achte darauf, dass du nur die Untersuchungsergebnisse berücksichtigst, die für die Stützung deiner Textdeutung wichtig sind.
- Stelle alle deine Untersuchungsergebnisse in ihrer Wirkung und Bedeutung für deine These zur Textdeutung dar.

Peter Weiss: Der Ernst des Lebens (1961)

❋ **lethargisch:** untätig, teilnahmslos, abgestumpft

❋ **Hannibal:** 247–183 v. Chr., Feldherr des alten in Nordafrika gelegenen Reichs von Karthago; kämpfte gegen das Römische Reich

❋ **Metropole:** Hauptstadt, Zentrum

In der lethargischen Stunde zwischen zwei und drei lag ich auf dem Sofa im Wohnzimmer, die Hände unterm Kopf verschränkt, hinüberstarrend auf den Farbdruck an der Wand, der Hannibals Grab darstellte. Unter einem graubraunen, wuchtigen, weit verzweigten Baum erhob sich ein Steinhaufen, und daneben stand ein alter Schäfer, sinnend auf seinen Stab gestützt, und vor
5 ihm, im wilden, trockenen Gras, weidete die Herde der Schafe. Das Fenster zur Straße stand offen, draußen staubte weißes Sonnenlicht, vom Tennisplatz an der gegenüberliegenden Straßenseite tönten träge, dumpfe Ballschläge. Zuweilen summte dicht unterm Fenster ein Auto vorbei, oder eine Radglocke klingelte.
Der Gedanke an die Stadt draußen belebte mich, ich sah die langen breiten Straßenzüge
10 vor mir, die riesigen, von gebeugten, steinernen Sklaven getragenen Häuser, die Schlösser, Museen, Monumente und Türme, die Hochbahnen auf ihren Brücken und die unterirdischen Bahnen, mit ihrem Gedränge und ihren klappernden Reklameschildern. Schon wollte ich aufstehen, da stand meine Mutter vor mir, nie merkte ich, wie sie ins Zimmer kam, immer erschien sie plötzlich mitten im Zimmer, wie aus dem Boden emporgewachsen,
15 den Raum mit ihrer Allmacht beherrschend. Hast du deine Hausaufgaben gemacht, fragte sie und ich sank zurück in meine Müdigkeit. Noch einmal fragte sie, bist du schon fertig mit deinen Aufgaben? Aus meiner dumpfen Lage heraus antwortete ich, ich mache sie später. Sie aber rief, du machst sie jetzt. Ich mache sie nachher, sagte ich, in einem schwachen Versuch des Widerspruchs. Da hob sie, wie in einem Wappenschild,
20 die Faust und rief ihren Wappenspruch: Ich dulde keinen Widerspruch. Dicht trat sie an mich heran, und ihre Worte fielen wie Steine auf mich herab, du musst büffeln und wieder büffeln, du hast noch ein paar Jahre, dann wirst du ins Leben hinaustreten, und dazu musst du etwas können, sonst gehst du zugrunde. Sie zog mich an meinen Schreibtisch zu den Schulbüchern. Du darfst mir keine Schande machen, sagte sie. Ich
25 leide schlaflose Nächte deinetwegen, ich bin verantwortlich für dich, wenn du nichts kannst, dann fällt das auf mich zurück, leben heißt arbeiten, arbeiten und arbeiten und immer wieder arbeiten. Dann ließ sie mich allein. Neben mir auf einem Brett stand das Modell einer Stadt, das ich mir aus Papier und Zellophan, aus Drähten und Stäbchen erbaut hatte. Nach meinen zerstörerischen Spielen war dies der erste konstruktive Versuch.
30 Es war eine Zukunftsstadt, eine utopische Metropole, doch sie war unvollendet, skeletthaft, ich wusste plötzlich, dass ich nicht daran weiterbauen würde, ich sah nur noch zerknittertes, leimdurchbröckeltes Papier, und alles war verbogen und zerbrechlich, man konnte es mit einem Atemzug umblasen. Ich musste nach anderen Mitteln des Ausdrucks suchen. Während ich über meinem Tagebuch brütete, öffnete sich die Tür, und mein Vater trat ein. Er sah mich am Schreib-
35 tisch hocken, bei irgendwelchen Beschäftigungen, an denen er nie teilhaben durfte, er sah, wie hastig etwas in der Schublade verschwand. Was treibst du denn da, fragte er. Ich mache meine Schulaufgaben, sagte ich. Ja, darüber wollte ich gern mit dir sprechen, sagte er. Eine peinliche Spannung trat ein, wie immer bei solchen Gesprächen. Du bist jetzt alt genug, sagte er, dass ich einmal mit dir über Berufsfragen sprechen muss. Wie denkst du dir eigentlich deine Zukunft?
40 Ich konnte auf diese quälende Frage nichts antworten. Mit einer Stimme, die verständnisvoll sein wollte und die etwas von einem Gespräch von Mann zu Mann hatte, sagte er, ich schlage vor,

* **Kontor** (von frz. „comptoir" = Zahltisch): Büro, Handelsniederlassung

dass du in die Handelsschule eintrittst und dann in mein Kontor kommst. Ich murmelte etwas davon, dass ich erst noch die Schule absolvieren wollte, damit konnte ich immerhin Zeit gewinnen. Mein Vater sagte, jetzt mit wachsender Ungeduld, dazu scheinst du doch kaum zu taugen,
45 ich glaube nicht, dass du begabt genug dazu bist, und zum Studieren fehlt dir jede Ausdauer, du gehörst ins praktische Berufsleben. Sein Gesicht war grau und vergrämt. Wenn man vom Leben sprach, musste man grau und vergrämt sein. Leben war Ernst, Mühe, Verantwortung.

* **stereotyp:** feststehend, unveränderlich, immer gleich

Mein Gesicht, das Gesicht eines Nichtskönners und Tagediebs, verzog sich zu einem verlegenen, stereotypen Grinsen. Gekränkt sagte mein Vater, du brauchst gar nicht zu lachen, das Leben ist
50 kein Spaß, es wird Zeit, dass du einmal wirklich arbeiten lernst. Vielleicht spürte er eine Regung von Zärtlichkeit für mich, doch als er meinen schiefen, feindlichen Blick sah, musste er sich hart machen und seinen festen Willen zeigen. Mit der flachen Hand schlug er auf den Tisch und rief, wenn dieses Schuljahr zu Ende ist, dann ist es Schluss mit den Träumereien, dann wirst du dich endlich der Realität des Daseins widmen.

In einer Klassenarbeit wird folgende Aufgabe gestellt:

Aufgabenstellung

Interpretiere den Text „Der Ernst des Lebens" von Peter Weiss unter besonderer Berücksichtigung der Figuren- und Raumgestaltung.
Gehe hierbei wie folgt vor:
a) Fasse den Inhalt des Textes kurz zusammen.
b) Untersuche die Figurendarstellung und die Ausgestaltung der Beziehung zwischen Eltern und Sohn.
c) Interpretiere die Wirkung der beiden Handlungsräume (die Stadt, das Zuhause des Jugendlichen) und ihre Bedeutung für die Hauptfigur.

3 Plane deinen Interpretationsaufsatz zu dieser Aufgabenstellung. Gehe in den vier Arbeitsschritten
• Erfassen der Aufgabenstellung (Wesentliches unterstreichen),
• Analysieren und Interpretieren des Textes,
• Anfertigen einer Stoffsammlung und
• Erstellen eines Schreibplans vor.
Ergänze den begonnenen Schreibplan mit deinen eigenen Ergebnissen. Arbeite im Heft.

Schreibplan

Einleitung: Peter Weiss: „Der Ernst des Lebens", Thema: Konflikt Eltern – Sohn

Hauptteil: 1. Inhalt
           2. Eltern – Sohn
             Mutter: macht sich Sorgen um seine Zukunft und ermahnt ihn (Floskeln, Wiederholungen)
               (Z. 16 ff.)
                 → Motivation des Sohnes zu handeln zerstört ...
             Vater: ...
           3. Handlungsräume = gegensätzliche Symbolräume
             a) zu Hause (Z. 2 ff.): Trägheit und Gleichgültigkeit
             b) Stadt ...

Schlussteil: ...

2 Einen Interpretationsaufsatz schreiben

Achte beim Schreiben des Interpretationsaufsatzes auf den **richtigen Aufbau** und eine **logische Gedankenführung**, auf die **sprachliche Darstellung** und das **korrekte Belegen und Zitieren**.

Aufbau und Gedankenführung
- Orientierung am Schreibplan
- Signale der Leserführung setzen: Verdeutlichung des Aufbaus durch Absätze, das eigene Vorgehen zeigen, Einzelnes herausstellen, zusammenfassen, modifizieren, …
- die gedankliche Verknüpfung der Interpretation nachvollziehbar machen: Verknüpfung der Aspekte, Überleitungen, Schlussfolgerungen, …

Sprachliche Darstellung
- Sprachstil: Beschreibung nicht mit subjektiven Eindrücken und Wertungen mischen
- Sprachebene: Umgangssprache und Floskeln vermeiden
- präzise Formulierungen beim Beschreiben und Deuten
- Textzusammenhang sichern durch Strukturwörter, begriffliche Vernetzung, Satzverknüpfungen, …
- Sprachrichtigkeit: richtiges Tempus (Präsens), Rechtschreibung und Zeichensetzung überprüfen

Korrektes Belegen und Zitieren
- alle Belege durch Zeilenangabe in Klammern kennzeichnen
- wichtige Textstellen wörtlich zitieren (Anfang und Ende des Zitats durch Anführungszeichen markieren; Textstellen, an denen du Wörter auslässt, mit […] versehen)
- Textstellen in indirekter Rede wiedergeben oder mit eigenen Worten umschreiben
- längere Textstellen inhaltlich zusammenfassen

Formulierungshilfen

Aneinanderreihung oder Verbindung von Untersuchungsergebnissen: vor allem, zuerst, zunächst, auch, außerdem, darüber hinaus, des Weiteren, nicht nur … sondern auch, nicht zu vergessen, schließlich, …

Signale der Leserlenkung: hervorheben möchte ich, wichtig ist, noch wichtiger ist, dies ist der entscheidende Aspekt, ein weiterer Beleg für die Hypothese ist, vor allem, in den Mittelpunkt stelle ich, ich beschränke mich auf, nicht eingehen kann (will) ich auf, ich nehme hier vorweg, zusammenfassend kann ich sagen, …

Signale der Satz- und Textverknüpfung (Kohäsion):

Begründung: weil, da, deshalb, daher, …

Folgerung: so, also, so dass, …

Gegensatz: aber, doch, jedoch, während, obwohl, andererseits, …

Abtönung: schon, bereits, nur, nämlich, insofern, eigentlich, …

Interpretationsaufsatz zu Peter Weiss: „Der Ernst des Lebens"

Die Kurzgeschichte „Der Ernst des Lebens" von Peter Weiss thematisiert einen alltäglichen Konflikt zwischen einem Jugendlichen und seinen Eltern über die Zukunft des Jugendlichen. Die Eltern drängen auf mehr Einsatz in der Schule und verlangen Pläne für seine berufliche Zukunft, bewirken aber das genaue Gegenteil. Der Jugendliche, dessen eigene Träume oft unbeachtet bleiben, verschließt sich seinen Eltern.

Die Hauptfigur, ein Jugendlicher, liegt nachmittags auf dem Sofa. Nachdem er längere Zeit mit Nichtstun verbracht hat und gerade aufstehen möchte, tritt seine Mutter in den Raum und fordert ihn auf, seine Hausaufgaben zu machen, damit aus ihm etwas Anständiges wird. Wieder alleine und mit einem Eintrag in sein Tagebuch beschäftigt, wird er von seinem Vater unterbrochen, der ihn bzgl. seiner beruflichen Zukunftspläne befragt. Da sein Sohn nur ungenaue Antworten gibt und auch seinen konkreten Vorschlägen ausweicht, wird der Vater böse. Zuletzt macht er seinem Sohn deutlich, dass er der Träumerei ein Ende setzen wird.

Die Geschehnisse werden in der personalen Erzählweise aus der Sicht des Jugendlichen in der Ich-Perspektive dargestellt. So ist der Leser dem Sohn während der Geschehnisse gedanklich näher als den anderen Personen. Trotzdem bleibt die Hauptfigur, da man weder ihren Namen noch besondere Merkmale
15 und Charakterzüge erfährt, recht oberflächlich. Einzig ihr Alter lässt sich auf ca. 15 Jahre schätzen, da sie gegen Ende des Schuljahres die Schule verlassen wird (Z. 67 f.). Auch die Eltern werden nicht genauer beschrieben, wodurch die dargestellte Szene Allgemeingültigkeit bekommt.

„Auf dem Sofa im Wohnzimmer" (Z. 2) an einem Nachmittag „zwischen zwei und drei" (Z. 1) beginnt die linear erzählte Handlung mit dem Nichtstun des Sohnes. Einzig seine Wahrnehmungen – wie die
20 Elemente eines Bildes, das im Zimmer hängt, – werden in Aufzählungen aneinandergereiht genannt. Dadurch entstehen lange, die Zeit dehnende Sätze, die die in Trägheit und Gleichgültigkeit zugebrachte Zeit veranschaulichen: „Unter einem graubraunen, wuchtigen, weit verzweigten Baum erhob sich ein Steinhaufen, und daneben stand ein alter Schäfer, sinnend auf seinen Stab gestützt" (Z. 6 ff.). Gedanken macht sich der Jugendliche zu seinen Beobachtungen nicht, doch scheinen sie trotzdem auf ihn zu
25 wirken. Denn die Geräusche der Stadt, die von draußen zu ihm gelangen, beleben ihn und er beschließt, aufzustehen.

Die beiden Räume, die der Jugendliche wahrnimmt, stehen hier als Symbolräume einander kontrastiv gegenüber. Während der Innenraum mit dem „Farbdruck an der Wand, der Hannibals Grab darstellt" (Z. 3 f.), ihn lethargisch macht, beleben die Geräusche der Stadt ihn und seine Fantasie. Er stellt sich
30 seine eigene lebendige Stadt, „die Schlösser, Museen, Monumente und Türme, die Hochbahnen auf ihren Brücken und die unterirdischen Bahnen, mit ihrem Gedränge und ihren klappernden Reklameschildern" (Z. 13 ff.) vor.

Doch abrupt kippt die Aufbruchsstimmung, als seine Mutter unbemerkt, „wie aus dem Boden emporgewachsen" (Z. 16 f.) in das Zimmer tritt und mit der Frage: „Hast du deine Hausaufgaben gemacht?"
35 (Z. 17 f.) jegliche Motivation ihres Sohnes zerstört. Auch die schon oft gehörten Ermahnungen und Beschimpfungen der Mutter haben nicht die gewünschte Wirkung. Eindringliche Wiederholungen wie „du musst büffeln und wieder büffeln [...], leben heißt arbeiten, arbeiten und arbeiten" (Z. 24–29) prallen an ihm ab. Das Nichtstun des Sohnes erbost die Mutter, aber sie hat wenig Einfluss auf ihn. Die Beziehung scheint gestört, weil die Handlungsweise des jeweils anderen nicht verstanden wird.
40 Kaum hat die Mutter den Raum verlassen, fällt sein Blick auf ein Stadtmodell, an dem er baut. In diesem Modell findet sich zum einen der oben beschriebene Symbolraum wieder, doch steht es hier auch für die Ich-Suche der Hauptfigur, die von sich sagt, dass nach seinen „zerstörerischen Spielen [...] dies der erste konstruktive Versuch" (Z. 31 f.) war. Doch er wird an dieser „utopischen Metropole" (Z. 32) nicht weiterbauen. Sie erscheint zerbrechlich, wie die Verwendung der beschreibenden Adjektive „zer-
45 knittertes, leimdurchbröckeltes", „verbogen und zerbrechlich" (Z. 35) verdeutlicht. Man kann sie, so der Sohn, „mit einem Atemzug umblasen" (Z. 35), sodass er nach „neuen Mitteln des Ausdrucks" seines Ichs suchen muss. Hier wird zum ersten Mal deutlich, dass der Sohn sich sehr wohl Gedanken macht, die Mutter aber keine Hilfe ist. [...]

Zusammenfassend wird in der Geschichte deutlich, dass die Eltern zwar sehr bemüht sind, ihrem
50 Sohn einen Weg zu weisen, sie aber nicht den richtigen Ton treffen. Vielmehr erreichen sie mit ihrer bevormundenden Art nur, dass ihr Sohn ihnen ausweichend antwortet und seine Motivation, zu handeln und sich mit ihnen über seine Zukunftspläne auszutauschen, verschwindet. [...]

1 Lies die Interpretation eines Schülers zum Text „Der Ernst des Lebens" von Peter Weiss. Vergleiche sie mit deinem eigenen Schreibplan (Seite 30, Aufgabe 3). Überarbeite die Interpretation in deinem Heft und ergänze den fehlenden Teil zur Begegnung zwischen Vater und Sohn.

2 Verfasse zu dem Text „Beste Geschichte meines Lebens" von Wolfdietrich Schnurre (Seite 12) eine Interpretation auf der Grundlage deines Schreibplans (Seite 29, Aufgabe 2). Achte besonders auf den Aufbau und die Gedankenführung, die sprachliche Darstellung und das korrekte Belegen und Zitieren.

3 Einen Interpretationsaufsatz überarbeiten

Texte sind nie auf Anhieb perfekt. Sie müssen überarbeitet werden. Dabei kann dir folgende **Checkliste** helfen:

Inhalt:
- Wird die **Handlung** richtig dargestellt?
- Wird die **These zur Textdeutung** klar vertreten?
- Ist der Interpretationsaufsatz für den Leser **gedanklich nachvollziehbar**?
- Berücksichtigt er alle wesentlichen **Analyse- und Interpretationsergebnisse** des Schreibplans?
- Werden die Ergebnisse der Analyse auf die These zur Textdeutung bezogen?
- Werden Aussagen durch **Zitate belegt** und die **Zeilen angegeben**?

Aufbau und Gedankenführung:
- Teilt sich der Interpretationsaufsatz deutlich in **Einleitung**, **Hauptteil** und **Schluss**?
- Werden in der **Einleitung** Titel, Autor, Textsorte, Thema/Inhalt genannt und zur eigenen Deutung hingeführt?
- Führt ein gedanklicher **roter Faden** durch den Interpretationsaufsatz?
- Ist der Text auch visuell durch das Setzen von **Absätzen** bei neuen Sinnabschnitten gegliedert?
- Gibt es eine **Zusammenfassung** der wesentlichen **Ergebnisse** der Deutung?
- Enthält der **Schluss** eine persönliche Stellungnahme oder einen Transfer?

Sprachliche Darstellung:
- Wird die richtige **Sprachebene** gebraucht?
- Wird ein abwechslungsreicher und nicht zu verschachtelter **Satzbau** verwendet?
- Werden **Wortwiederholungen** – besonders an Satzanfängen – und unnötige **Füllwörter** vermieden?
- Gibt es sinnvolle **Überleitungen** und **Verknüpfungen** von Schlussfolgerungen?
- Wird das korrekte **Tempus (Präsens)** verwendet?

Sprachrichtigkeit:
- Sind **Rechtschreibung und Zeichensetzung** fehlerfrei?
- Ist der **Modus**, die **Wortstellung**, … korrekt?

E rgänzen ....➤

S treichen ....➤   von Wörtern, Satzgliedern, (Teil-)Sätzen, Gedanken und Abschnitten

A ustauschen ....➤

U mstellen ....➤

Hier wurde bereits begonnen, einen Ausschnitt aus einem Interpretationsaufsatz zu überarbeiten:

Satzbau zu verschachtelt	Die zunächst lethargische Stimmung des chillenden personalen Ich-Erzählers, die zu Beginn herrscht, schlägt um, als er an die Stadt und sein lebendiges Erscheinungsbild, gekennzeichnet durch „die breiten Straßenzüge, [...], die riesigen von gebeugten, steinernen Sklaven getragenen Häuser, die Schlösser, Musen, Monumente und Türme, die Hochbahnen auf ihren Brücken und die unterirdischen Bahnen, mit ihrem Gedränge und ihren klappernden Reklameschildern (Z. 35 ff.), denkt.	*vor sich hin träumenden* *G* *R* *R* *falsche Zeilenangabe*
neuer Satz (Die Stadt ist gekennzeichnet durch …)		

Die Mutter tritt unbemerkt ins Zimmer. Sie ist aufgebracht. Sie stellt die Frage, ob er schon fertig mit den Hausaufgaben sei. Er antwortet, er mache sie später.

Auf der einen Seite steht der Vater, für den das Leben „Ernst, Arbeit und Verantwortung" ist, und auf der anderen Seite der Sohn mit dem Gesicht eines „Nichtskönners und Tagediebes".

Die Erzählperspektive verschafft einen Einblick in die Gedankenwelt des Jugendlichen und seiner Eltern.

Das passive Verhalten ihres Sohnes läst den Vater ungeduldig werden, er übt Kritik, indem er ihm vorwirft, nicht „begabt genug" zu sein und ihm zum Studium „jede Ausdauer" (Z. 4 f.) fehlt, an ihm, bis er schließlich so wütend wird, dass er mit „der flachen Hand […] auf den Tisch" (Z. 66) schlug.

Er ist von ihr Gemecker voll angenervt und anstatt aufzustehen, wie er es vorhatte, singt er in seine „Müdigkeit zurück" (Z. 18).

1 Überarbeite mithilfe der Checkliste auf Seite 33 die Interpretationsausschnitte mit farbigen Stiften wie im Beispiel auf Seite 33. Schreibe jeweils eine korrigierte Version in dein Heft.

2 Überarbeite deinen Interpretationsaufsatz zu „Beste Geschichte meines Lebens" von Wolfdietrich Schnurre (Seite 32, Aufgabe 2) mithilfe der Checkliste auf Seite 33.

4 Prüfe dich selbst

Kann ich einen Interpretationsaufsatz vorbereiten?

1 Nenne die Arbeitsschritte, die zur Vorbereitung eines Interpretationsaufsatzes nötig sind.

2 Analysiere und interpretiere das Gedicht „Nachts" (Joseph von Eichendorff) unter Beachtung der Aufgabenstellung. Fertige eine Stoffsammlung an und erstelle einen Schreibplan. Arbeite im Heft.

Aufgabenstellung

Analysiere und interpretiere das Gedicht „Nachts" von Joseph von Eichendorff.
Beschreibe und erläutere dazu wesentliche Gestaltungsmittel und fasse deine Ergebnisse in einer Gesamtdeutung zusammen.

Joseph von Eichendorff: Nachts (1826)

Ich wandre durch die stille Nacht,
Da schleicht der Mond so heimlich sacht
Oft aus der dunklen Wolkenhülle,
Und hin und her im Tal
5 Erwacht die Nachtigall,
Dann wieder alles grau und stille.

O wunderbarer Nachtgesang:
Von fern im Land der Ströme Gang,
Leis Schauern in den dunklen Bäumen –
10 Wirrst die Gedanken mir,
Mein irres Singen hier
Ist wie ein Rufen nur aus Träumen.

Kann ich einen Interpretationsaufsatz schreiben?

3 Zähle auf, was du beim korrekten Belegen und Zitieren beachten musst.

_____

_____

4 Verfasse auf der Grundlage deines Schreibplans (Aufgabe 2) einen Interpretationsaufsatz. Arbeite im Heft.

Kann ich einen Interpretationsaufsatz überarbeiten?

5 Worauf musst du beim Überarbeiten eines Interpretationsaufsatzes achten? Notiere Stichworte.

_____

_____

6 Überarbeite deinen Interpretationsaufsatz.

5 Kontrolle und Einschätzung, Tipps zur Weiterarbeit

AUFGABE	BEARBEITET AM	WIEDERHOLT AM	🙂 KONNTE ICH GUT	😐 DAS WAR MITTEL	🙁 MUSS ICH ÜBEN	Wenn du 😐 oder 🙁 angekreuzt hast, dann bearbeite folgende Aufgaben im Teil Üben und Anwenden:
1						S. 71/4
2						S. 63/5, 6; S. 64/3; S. 69/7; S. 70/6
3						S. 63/7
4						S. 63/6; S. 65/4–8; S. 67/4; S. 69/6, 7; S. 70/6; S. 71/4; S. 74/7
5						S. 63/7; S. 65/9; S. 66/10–13; S. 71/5
6						S. 63/7; S. 65/9; S. 66/10–13; S. 71/5

EINSCHÄTZUNG HRERIN/DES LEHRERS ODER DER ELTERN:

1 Merkmale und Formen des produktiv verstehenden Schreibens

Schreibprozesse, bei denen literarische Texte weitergeschrieben, ausgestaltet oder umgestaltet werden, nennt man **produktiv verstehendes Schreiben** oder **gestaltendes Interpretieren**. Im Gegensatz zum produktiv gestaltenden oder kreativen Schreiben ist der Text selbst nicht das eigentliche Ziel. Es geht eher darum, deinen selbst geschriebenen Text in Beziehung zum Originaltext zu setzen und auf diese Weise einen literarischen Text zu verstehen.

Gestaltungsaufgaben können sein:
- einen Text fortsetzen
- einen Schluss erfinden
- eine Vorgeschichte hinzufügen
- eine neue Figur einführen
- einen Tagebucheintrag verfassen
- einen Brief verfassen
- einen inneren Monolog verfassen
- einen Dialog verfassen
- eine Rede verfassen
- ein Interview verfassen
- die Geschichte aus einer anderen Zeit schreiben
- eine Textstelle aus einer anderen Perspektive schreiben
- einen Paralleltext schreiben
- den Schluss umgestalten

Für das Gelingen der produktiven Aufgabe musst du dich **mit dem literarischen Text gründlich auseinandersetzen** und auf die Besonderheiten der **Aufgabenstellung** achten. Du solltest stets den Originaltext im Auge behalten und dich in die Personen, das Geschehen und die Sprache eindenken.

Mögliche Arbeitsschritte

Konzept schreiben
- Streiche alle Punkte auf dem Schreibplan durch, die du in deinem Text verarbeitet hast.
- Überprüfe auch anhand der Materialsammlung, ob du alle Punkte beachtet hast.

Ideen sammeln
- Sammle Assoziationen und erste Ideen, z. B. in Form eines Clusters oder einer Mindmap.

Ausgangstext analysieren
- Untersuche den Ausgangstext hinsichtlich Inhalt, Aufbau, Form, Textsorte, sprachlicher Gestaltung, …
- Erfasse den Stil des Originaltextes. Versetze dich in das Geschehen und in die Figuren hinein.
- Bestimme die genaue Verortung des produktiven Textes. Lies z. B. nochmals die vorausgegangenen sowie die nachfolgenden Abschnitte. Achte darauf, was eine Figur zu einem bestimmten Zeitpunkt wissen kann und was nicht.

☐

Materialsammlung anlegen
- Stelle kurz die für die Aufgabenstellung relevanten Untersuchungsergebnisse (Analyse Ausgangstext) und deine Ideen zusammen.
- Notiere stichpunktartig, worauf du bei der geforderten produktiven Textsorte achten musst.
- Kläre, aus welcher Perspektive der Text geschrieben werden und an wen er sich richten soll.
- Überlege, welche Besonderheiten (auch sprachliche Eigenheiten) die entsprechende Person hat und welche Anrede und Sprache du wählen musst.

☐

Reinschrift anfertigen
- Plane genügend Zeit für die Reinschrift ein. Du kannst vorher ausprobieren, wie viel Zeit du für das Abschreiben einer bestimmten Wörterzahl benötigst.

☐

Schreibplan erstellen
- Notiere kurz alle inhaltlichen Punkte, die du aufnehmen möchtest.

☐

Aufgabenstellung lesen und verstehen
- Lies gründlich die Aufgabenstellung.
- Markiere, welche produktive Textsorte von dir verlangt wird und unterstreiche eventuelle Hinweise.

☐

Überarbeitung des Entwurfs
- Mache zwischen dem Schreiben des Konzepts und der Überarbeitung eine kurze Pause.
- Nimm dir die Zeit, deinen Text mehrmals langsam durchzulesen.
- Kontrolliere, ob du tatsächlich die Aufgabenstellung erfüllt hast.
- Prüfe, ob der Text schlüssig aufgebaut ist und der verlangten Textsorte entspricht.
- Vergewissere dich, dass du im richtigen Duktus geschrieben hast (z. B. historischer und sozialer Kontext, Alter und Sprache der schreibenden/sprechenden Figur, …).
- Lies bei Unsicherheiten nochmals im Originaltext nach.
- Überprüfe Satzbau und Stil. Markiere Sätze, die du verbessern möchtest.
- Korrigiere die Rechtschreibung und Zeichensetzung. Verwende ein Wörterbuch.

1 Bringe die Arbeitsschritte in eine sinnvolle Reihenfolge.

Kriterien zur Beurteilung deines Schreibprodukts:
- Es muss im Verhältnis zum Originaltext inhaltlich und formal stimmig sein (z. B. passender Adressatenbezug, richtige Perspektive, angemessene Sprechhaltung und Sprachebene, …)
- Es muss hinsichtlich Textsorte, Inhalt, Aufbau und Stil überzeugend gestaltet sein.
- Es muss gut formuliert und sprachlich korrekt sein.

2 Erläutere kurz die beiden ersten Kriterien anhand von Beispielen, z. B. auf der Grundlage von Texten in diesem Kapitel.

2 Einen Text weiterschreiben

> Du kannst einen epischen Text analysieren und interpretieren. Du kannst aber auch versuchen, einen erzählenden Text besser zu verstehen, indem du zuerst nur den **ersten Teil des Textes erschließt** und die Geschichte **selbstständig weiterschreibst**. Dabei kommt es darauf an, dass du die Situationen und Figuren möglichst genau verstehst und die Geschichte folgerichtig weitererzählst. Du musst also deine **Ideen an den vorhandenen Textteil anpassen** und die **Textmerkmale genau beachten**.

Gabriele Wohmann: Ich Sperber (um 1966)

Achtung: alte Rechtschreibung

„Wie heißt du", fragt die Lehrerin den letzten in der Fensterbankreihe. Sie spürt wieder stärker das Lauern in der Klasse. Sie geht durch den schmalen Gang, stellt sich vor die letzte Bank. „Wie heißt du? Ich habe dich was gefragt, hast du verstanden?"

5 „Sperber", sagte das Kind, ohne den Blick vom Fenster weg auf die Lehrerin zu richten.

Die Klasse raunt, das Lauern löst sich, Schuhsohlen scharren, die Hosenböden werden übers Holz gewetzt.

„Und mit Vornamen?"

10 „Sperber."

Das Kind in der letzten Bank blickt nicht freundlich auf die Lehrerin, wendet sich wieder zum Fenster. Von den fast schon laublosen, fadendünnen Birkenzweigen hüpfen Spatzen und Nonnenmeisen auf die Fensterbrüstung, der gefräßige Kernbeißer läßt sich nicht von ihnen vertreiben.

15 „Du mußt doch einen Vornamen haben." Die Lehrerin starrt das Kind an. Sie hat den Eindruck, als balle sich hinter ihrem Rücken, den sie steif und warm spürt, die Kraft der Klasse. Sie beugt sich zu dem Kind hinunter: „Ganz gewiß hast du einen Vornamen, einen richtig netten hübschen Vornamen."

Das Kind dreht mit Anstrengung den Kopf zur Lehrerin. Die Lehrerin
20 starrt in sein weißes sanftes abwesendes Gesicht, ihre flehenden Augen tasten es ab, suchen darin herum.

„Sperber. Nur Sperber."

Gelächter springt auf, neben ihr, hinter ihr.

„Nun gut. Dann eben Sperber. Du weißt nicht, was ein Vorname ist. Du
25 bist nicht besonders gescheit. Vielleicht heißt du ja Hans Sperber."

Auf dem Götterbaum-Ast, der vor das letzte Fenster gekrümmt ist, hat ein Star sich niedergelassen.

„Oder Theobald Sperber, Franziskus Sperber. Irgendetwas Besonderes, du willst es nicht verraten."

30 Das Kind blickt auf den Ast. Der Star wippt, bebt vor Erwartung. Endlich ein größerer Vogel: sogar ein Perlstar. Er ist mit Leinsamen und Hanf nicht zufrieden, weil er sich nicht heranwagt? Wie kann er sich nur vor dem winzigen Gewirr der Meisen fürchten: schwarz und langgestreckt und groß. Das Kind beschließt den kleinen Vögeln einen anderen Futterplatz einzurichten. Stare
35 und Amseln könnten landen. Aber erst der Sperber!

Die Klasse lacht, wartet. Die Lehrerin steht vor dem Kind.

„Aha. Du hast dir was Lustiges ausgedacht, willst mich anführen."

„Eine gesperberte Brust", sagt das Kind. „Weiß mit schwarzen Streifen. Ich bin der Sperber. Ich habe die Sperberbrust, alle Merkmale."

40 Stimmen kreischen aus dem brodelnden Lachen. „Aber jeder Spaß hat mal ein Ende."

Der erste Grünling dieses Vormittags schaukelt auf dem Birkenzweig.
Mohn und Kolbenhirse muß es in Zukunft streuen. Der Grünling hat seine
Scheu überwunden, flappt zwischen die Meisen; aber er fliegt davon, bevor
45 er den Mut fassen konnte, sich ein Korn zu picken. Der Ast am Götterbaum
ist wieder leer. Vor allem müssen Ameisenpuppen und Fliegenlarven besorgt
werden. Später dann lebende Insekten. Es muß langsam und gründlich vorbereitet werden. Und soll man überhaupt den Sperber bis an das Schulfenster
locken? Wird er sich mit dem, was man ihm da bieten kann, zufrieden geben?
50 In läppischer Meisengesellschaft?

„Also ja, ja, ja", sagt die Lehrerin, „es ist ein sehr lustiger Streich, den du
dir da ausgedacht hast, du komischer kleiner Sperber." Sie dreht sich von dem
Kind weg, geht den Gang zwischen den Bänken hinauf bis an ihren Tisch,
stellt sich vor die Klasse. „Spaß muß sein. Nicht alle Erwachsenen sind Spiel-
55 verderber."

„Er meint, er wäre ein Vogel", ruft jemand von der Türreihe her. [...]

Bevor du die Kurzgeschichte weiterschreibst, musst du prüfen, ...
- aus welcher **Perspektive** die einzelnen Abschnitte erzählt werden
- ob du dir die hier beschriebene **Situation** gut vorstellen kannst und dich gut in die **Figur der Lehrerin hineinversetzen** kannst
- an welchen Stellen etwas über die **Gedanken der Lehrerin** deutlich wird
- ob du dich gut in die **Figur des Kindes hineinversetzen** kannst
- an welchen Stellen du etwas über die **Gedanken des Kindes** erfährst
- welche **Schlüsselwörter** im Text vorkommen
- ob du **weitere Figuren** in die Geschichte einführen willst, und festlegen, in welchem **Verhältnis sie zu den vorhandenen Figuren** stehen sollen.

: 1 Lies den Textanfang mit dem Stift und prüfe die Punkte aus dem Kasten. Mache dir auch Randnotizen.

Wenn du die Geschichte „Ich Sperber" weiterschreiben willst, musst du dir die verschiedenen Deutungs-möglichkeiten, die in dem gegebenen ersten Textteil angelegt sind, klarmachen. So gibt es drei Stellen, an denen Deutungsmöglichkeiten angesprochen werden:

A „Du weißt nicht, was ein Vorname ist. Du bist nicht besonders gescheit. Vielleicht heißt du Hans Sperber."
B „Aha. Du hast dir etwas Lustiges ausgedacht, willst mich anführen."
C „Er meint, er wäre ein Vogel."

: 2 Prüfe diese drei Möglichkeiten anhand des Textes. Welche Möglichkeit entspricht dem Text am besten? Begründe deine Entscheidung.

: 3 Ordne die Deutungsmöglichkeiten den entsprechenden Abschnitten im Text zu. Beachte dabei besonders die Stellen, an denen das Kind aus dem Fenster blickt.

: 4 Überlege, welche Deutung dir durch diese Textpassagen nahegelegt wird.

: 5 Erstelle einen Schreibplan, wie du die Geschichte weitererzählen willst. Arbeite im Heft.

: 6 Formuliere anschließend die Fortsetzung der Geschichte aus. Beachte dabei die Merkmale der Textsorte „Kurzgeschichte" (siehe Seite 86). Arbeite im Heft.

Zusammenfassung zu „Romeo und Julia auf dem Dorfe" (Gottfried Keller)

1856 erschien erstmals die Novelle „Romeo und Julia auf dem Dorfe", die von dem Schweizer Schriftsteller Gottfried Keller geschrieben wurde. Die Geschichte handelt von zwei unglücklich Verliebten, die auf Grund der erbitterten Feindschaft ihrer Eltern nicht zusammenfinden können und am Ende sich selbst umbringen.

In einem Dorf in der Nähe des kleinen Städtchens Seldwyla leben die beiden Bauern Manz und Marti. Die Familien bewirtschaften ihre Felder und sind befreundet. Bauer Manz und seine Frau haben einen Sohn namens Salomon, der kurz Sali genannt wird. Die Tochter der Familie Marti heißt Vrenchen. Beide Kinder wachsen zusammen auf. Auf einer Anhöhe liegt zwischen einem Acker der Familie Marti und einem Acker der Familie Manz ein unbebautes Feld. Das Feld gehört eigentlich dem schwarzen Geiger, da er aber keinen Taufschein besitzt, darf er den Acker als sein Erbe nicht in Besitz nehmen. Beide Bauern wissen das und vergrößern jährlich unrechtmäßig ihren Besitz, indem sie jeweils ein Stück von dem mittleren Feld umpflügen, sodass dieses ständig schmäler wird. Eines Tages ersteigert Manz das mittlere Feld. Marti weigert sich aber, das zuletzt umgepflügte Stück Land zurückzugeben. Daraufhin bricht ein erbitterter Rechtsstreit zwischen den Familien Manz und Marti aus, der beide finanziell ruiniert. Fortan leben die Familien in erbitterter Feindschaft. Nachdem Manz auf Grund der Schulden seinen Hof verloren hat, zieht er mit seiner Familie in die Stadt. Er übernimmt eine heruntergekommene Gaststätte. Marti bleibt im Dorf und verarmt. Zufällig treffen sich die beiden Bauern eines Tages beim Fischen wieder. Es kommt zum Streit, der durch das Eingreifen der beiden Kinder beendet wird. Nach langer Zeit sehen sich Vrenchen und Sali zum ersten Mal wieder. Sie verlieben sich ineinander. Danach will Sali Vrenchen wiedersehen und besucht sie heimlich. Jedoch werden beide von Marti entdeckt. Es kommt zu einer Auseinandersetzung, bei der Sali im Affekt Vrenchens Vater niederschlägt. Ihr Vater behält davon einen bleibenden geistigen Schaden und wird letztendlich in ein psychiatrisches Heim eingewiesen. Sali wird von Vrenchen nicht verraten. Wegen des teuren Rechtsstreits und der daraus entstandenen Schulden wurde Vrenchens Elternhaus mittlerweile verkauft. Sie selbst darf nur noch zwei Tage dort wohnen, dann muss sie die Heimat verlassen und sich Arbeit suchen. Kurz bevor Vrenchen in die Ferne ziehen muss, erscheint Sali nochmals bei ihr. Sie wollen sich einen Herzenswunsch erfüllen und einmal zusammen tanzen gehen. In einem benachbarten Dorf findet am nächsten Tag ein Fest zur Feier der Kirchweihe statt. Sie beabsichtigen, dort zu tanzen. In dem Dorf der Kirchweihe werden beide jedoch erkannt und deshalb flüchten sie kurzerhand zu einem Wirtshaus, das etwas außerhalb des Dorfes liegt. In dem Wirtshaus verkehrt nur einfaches und armes Publikum. An diesem Ort verbringen sie, zur Tanzmusik des schwarzen Geigers, einen rauschenden Abend. Der schwarze Geiger bietet dem Liebespaar gegen Ende des Abends an, sich ihm und seinen Leuten, dem fahrenden Volk, anzuschließen. Beide lehnen diese Lebensweise jedoch ab, dennoch ziehen sie zunächst mit ihnen durch die Nacht. Als die Gemeinschaft durch Salis und Vrenchens Heimatdorf kommt, bleiben beide in der Nähe des Flusses zurück. Sie haben den gleichen Gedanken. Da sie nicht für immer zusammen sein können, beschließen beide in ihrer ausweglosen Situation, sich das Leben zu nehmen. Sie besteigen ein Schiff und fahren auf dem Fluss umher. Dort tauchen Vrenchen und Sali am frühen Morgen ins Wasser ein und ertrinken. Später werden ihre Leichen am Ufer gefunden.

Die Zeilenzahlen in Fünferschritten: 5, 10, 15, 20, 25, 30, 35, 40 stehen am Rand.

❋ Kirchweihe:
feierliche Einweihung
einer Kirche

Gottfried Keller: Romeo und Julia auf dem Dorfe (1856)

Die Geschichte zwischen den Familien Manz und Marti beginnt mit der Beschreibung der Landschaft und der beiden Bauern, die an einem sonnigen Septembermorgen ihre Äcker pflügen. Die Äcker liegen auf einer Anhöhe. Beide Felder werden durch ein verwildertes Feld voneinander getrennt. Dieses mittlere Feld darf auf Grund ungeklärter Besitzansprüche nicht bearbeitet werden. Manz und Marti werfen auf diesen Acker die Steine, die sie nach dem Pflügen von ihren Feldern lesen. Momentan sind beide mit dem Pflügen beschäftigt.

❊ **artiges:** hübsches, nettes, niedliches
❊ **Fuhrwerklein:** kleiner Leiterwagen
❊ **gelinde:** niedrige

❊ **Meister:** hier: der Bauer

❊ **Fräulein:** früher: unverheiratete Frau

❊ **Dirnchen:** kleines Mädchen
❊ **treuherzig:** kindlich offen
❊ **Furche:** mit einem Pflug oder einer Hacke gezogene vertiefte Linie in einem Acker

So war der lange Morgen zum Teil vergangen, als von dem Dorfe her ein kleines artiges Fuhrwerklein sich näherte, welches kaum zu sehen war, als es begann die gelinde Höhe heranzukommen. Das war ein grün bemaltes Kinderwägelchen, in welchem die Kinder der beiden Pflüger, ein Knabe und ein kleines Ding von Mädchen, gemeinschaftlich den Vormittagsimbiss
5 heranfuhren. Für jeden Teil lag ein schönes Brot, in eine Serviette gewickelt, eine Kanne Wein mit Gläsern und noch irgendein Zutätchen in dem Wagen, welches die zärtliche Bäuerin für den fleißigen Meister mitgesandt, und außerdem waren da noch verpackt allerlei seltsam gestaltete angebissene Äpfel und Birnen, welche die Kinder am Wege aufgelesen, und eine völlig nackte Puppe mit nur einem Bein und einem verschmierten Gesicht, welche wie ein Fräulein zwischen
10 den Broten saß und sich behaglich fahren ließ. Dies Fuhrwerk hielt nach manchem Anstoß und Aufenthalt endlich auf der Höhe im Schatten eines jungen Lindengebüsches, welches da am Rande des Feldes stand, und nun konnte man die beiden Fuhrleute näher betrachten. Es war ein Junge von sieben Jahren und ein Dirnchen von fünfen, beide gesund und munter, und weiter war nichts Auffälliges an ihnen, als dass beide sehr hübsche Augen hatten und das Mädchen dazu
15 noch eine bräunliche Gesichtsfarbe und ganz krause dunkle Haare, welche ihm ein feuriges und treuherziges Ansehen gaben. Die Pflüger waren jetzt auch wieder oben angekommen, steckten den Pferden etwas Klee vor und ließen die Pflüge in der halb vollendeten Furche stehen, während sie als gute Nachbarn sich zu dem gemeinschaftlichen Imbiss begaben und sich da zuerst begrüßten; denn bislang hatten sie sich noch nicht gesprochen an diesem Tage.

7 Kläre die Bedeutung von Wörtern und Sätzen, die du nicht verstehst.

8 Worüber könnten sich Manz und Marti während des Mittagessens unterhalten?
Notiere Ideen in Stichworten in deinem Heft.

9 Erzähle an dieser Stelle weiter und schreibe das Gespräch der beiden Bauern auf. Arbeite im Heft.
Überlege vorher:
• welche Zeitform du für das Gespräch wählen musst, damit es in den bisherigen Erzählverlauf passt,
• in welchem Ton die beiden Bauern miteinander sprechen (z. B. höflich, distanziert, vertraut, …?).
  Tipp: Mache dir Gedanken zu dem sozialen Stand, der Herkunft und Bildung der beiden Bauern.
Das Gespräch sollte enthalten:
• die Begrüßung der beiden
• Stolz und Freude über die Kinder, die Vrenchen und Sali heißen
• die beschwerliche Arbeit
• Ärger und Wut über das verwilderte Feld

Alfred Andersch: Sansibar oder der letzte Grund
Der Junge (1957)
(37. = letztes Kapitel)

Den ganzen Nachmittag schipperten sie unter der Küste von Schonen 'rum nach Osten, und Knudsen hatte das Mädchen schon lange wieder auf Deck gelassen, denn sie hatten es geschafft, und es bestand keine Gefahr mehr. Der Junge bemerkte, dass Knudsen keinen der kleinen Häfen anlief, an denen sie vorbeikamen, er wusste, dass Knudsen das nicht riskieren konnte, weil er
5 das Boot sonst hätte klarieren müssen. Zwischen vier und fünf hielt Knudsen auf einen Steg zu, der zu einem Haus gehörte, das alle Schotten dicht hatte, und sonst war nichts zu sehen als Kiefernwald und ein paar graue Felsen. Der Junge sprang auf den Steg und machte das Boot fest, und Knudsen sagte zu ihm, er solle beim Boot bleiben, und zu dem Mädchen sagte er, sie seien ganz in der Nähe von Skillinge, und er werde mit ihr die Straße suchen gehen, und sie solle dann
10 allein weitergehen und die Figur zum Propst von Skillinge bringen. Er ging mit dem Mädchen davon, und als es ganz still geworden war, stahl sich der Junge weg.

Nachdem er eine Weile gegangen war, dachte er, der Wald ist prima. […] Ich bin 'raus, es hat wunderbar geklappt, ich bin in Schweden, ein paar Tage bleibe ich hier und dann geh ich irgendwohin und melde mich und sag, dass ich ein Politischer bin. Und dann geht es immer weiter,
15 dann kommt vielleicht Amerika und der Mississippi oder Sansibar und der Indische Ozean.

Es war still, ein- oder zweimal hörte er einen Fisch springen, und er fühlte sich gar nicht müde und entschloss sich, zum Strand zurückzugehen und nachzusehen, ob Knudsen abgefahren war. Erst wenn Knudsen abgefahren ist, dachte er, bin ich wirklich frei. Er fand den Weg leicht, zwischen den Stämmen herrschte ein diffuses graues Licht, wieder kam er über die leblose
20 Straße, und dann war es nicht mehr weit. Er sah das Haus durch den Wald schimmern und dann die See, und er machte sich hinter Unterholz und einem Felsen bis ans Wasser heran und spähte hinaus. Der Steg lag als graues Band über dem schwarzen Wasser.

Der Junge sah, dass der Kutter noch immer dalag. Etwas weiter weg war das Meer blau, dunkelblau und kalt lag es unter einem grauen, einförmigen Himmel ohne Sterne. Der Kutter
25 bewegte sich kaum, er war schwarz und still und wartete. Der Junge konnte sehen, dass Knudsen auf Deck saß, er saß auf der Wassertonne und rauchte.

Der Junge blickte nicht mehr in den Wald zurück, als er den Steg betrat. Er schlenderte auf das Boot zu, als sei nichts geschehen.

✳ **Figur:** den lesenden Klosterschüler

: 10 Informiere dich über den Roman, dessen Thematik, Inhalt und Gestaltung (Internet, Lexikon, …), und lies das (leicht gekürzte) Schlusskapitel. Mache dir klar, wie sich der Junge entscheidet, und warum. Notiere kurze Stichpunkte.

: 11 Verfasse ein 38. Kapitel mit der Überschrift „Knudsen – Der Junge". Arbeite im Heft.

: 12 Erläutere und begründe kurz deine Gestaltungsentscheidungen.

Zur 11. Aufgabe liegt folgende Lösung vor (Janis Hülsemann, Klasse 10, Ausschnitt):

Knudsen – Der Junge

Knudsen sah den Jungen nicht kommen, denn er blickte in Gedanken versunken auf seine eigenen Füße, aber er konnte die Schritte auf dem Steg hören.

Also kommt er doch noch zurück, dachte er, Glück für ihn. Nein, eigentlich Glück für mich.

Hallo, begrüßte der Junge ihn locker. Als Knudsen nicht reagierte, versuchte er es noch einmal, und end-
5   lich antwortete der Fischer: Wo warst du? Nur kurz spazieren.

Spazieren, dachte Knudsen fast höhnisch, so lange? Aber er erwiderte nur, ich dachte schon, du wolltest fort.

Stimmt, das wollte ich, kam dem Jungen der Gedanke. Warum bin ich ... – aber da fielen ihm die drei Gründe wieder ein. Und unbewusst sagte er laut: Der erste Grund stimmt nicht mehr!

10   Welcher Grund, fragte Knudsen und überlegte gleichzeitig, warum er überhaupt so viel fragte, schließlich war es nicht wichtig, was der Junge dachte, was er tat, – überhaupt, er hatte zu gehorchen und das war alles. Aber trotzdem fragte er. Doch der Junge antwortete nicht. Schließlich seufzte Knudsen: Gut, dass du wieder da bist, sonst hätte ich Probleme bekommen.

Richtig, das hatte die Politische, Judith, auch gesagt. Das war der Grund! Es stimmte nicht mehr,
15   dass man aus Rerik fort musste, weil dort nichts los war, denn er selbst hatte mit Knudsen etwas bewegt. Gerade mit Knudsen, dem langweiligsten Fischer in ganz Rerik. Es würde vielleicht nie wieder etwas passieren, aber trotzdem: Der erste Grund war so nicht mehr zutreffend. Stattdessen musste es heißen: Ich muss in Rerik bleiben, weil Knudsen dort bleibt. Knudsen hatte mit seinem selbstlosen Mut Leben in die Welt gebracht und nun musste er selbst, der Junge, etwas für ihn tun. Und dann fragte er
20   Knudsen das erste Mal etwas: Wieso hast du das gemacht? Doch Knudsen antwortete nicht. Er wollte schon weggehen, da sagte Knudsen leise: Weil ich helfen wollte. Nein, nicht weil ich helfen wollte, son-
dern weil ich ihn gehasst habe, diesen Feigling, diesen Deserteur, genau deshalb habe ich gewartet. Und das Mädchen habe ich mitgenommen, weil ich ihn nicht mehr gehasst habe.

Erwachsene, dachte der Junge, stand auf und sagte: Ich schmeiß dann mal die Maschine an ...

:13   Untersuche und beurteile, wie der Schüler der 10. Klasse „sein" 38. Kapitel produktiv gestaltet hat.

Ich habe mich grundsätzlich an die Erzählweise und die sprachlichen Mittel von Alfred Andersch gehalten. Da ich meinen Text als Dialog verfasst habe, ist er etwa zeitdeckend, also in „szenischer Darstellung" geschrieben; und ich habe, angelehnt an den Roman, einen personalen Er-/Sie-Erzähler im Präteritum verwendet.
5   Allerdings denken die beiden Figuren in diesem Kapitel fast genauso viel, wie sie reden. Dabei spricht Knudsen deutlich mehr als in der vorangegangenen Geschichte. Damit will ich darstellen, dass sein Cha-
rakter sich durch dieses Erlebnis verändert hat ...
Ich habe versucht, den Jungen deutlich erwachsener wirken zu lassen, als das vorher der Fall war, denn schon die Tatsache, dass er zurückgekommen ist, weist darauf hin, dass er durch das Erlebnis gereift ist ...

:14   Lies die Erläuterung des Schülers. Findest du sie überzeugend? Begründe in Stichworten.

3 In einem Text Leerstellen ausgestalten

3.1 Einen Tagebucheintrag verfassen

Der Tagebucheintrag ist ein **emotionaler Text**, der **persönliche Erlebnisse und Gedanken** des Schreibers enthält. Achte beim Verfassen auf folgende Punkte:
- **Versetze dich in die Person hinein,** aus deren Sicht du den Tagebucheintrag verfasst. Nimm ihre Gedanken, Gefühle, Meinungen, Erlebnisse, Situationen, Eigenheiten, … auf.
- Erzähle aus der **Ich-Perspektive**, was geschehen ist und bewerte das Geschehen.
- Schreibe im **Präteritum (oder Perfekt). Unvollständige Sätze** und **rhetorische Fragen** können den Eintrag echt wirken lassen.

Gottfried Keller: Romeo und Julia auf dem Dorfe (Fortsetzung) (1856)

Nach einigen Jahren des friedlichen Nebeneinanders wird der mittlere Acker versteigert, den bisher beide Bauern unrechtmäßig benutzt haben. Manz ersteigert den Acker erfolgreich. Nun fordert Manz, dass Marti das erst kürzlich schräg aus dem Acker herausgeschnittene Stück Land an ihn zurückgeben solle. Marti weigert sich. Beide gehen zum ersten Mal missmutig auseinander. Am nächsten Tag schickt Manz seinen Sohn mit Angestellten auf den verwilderten Acker, um Unkraut zu jäten. Sie wollen das Unkraut auch gleich verbrennen, denn danach können die Steine besser vom Feld abgetragen werden. Sali und Vrenchen haben von der Auseinandersetzung der Väter noch nichts mitbekommen.

※ Zeug: hier: Unkraut

Das wilde Zeug, an der Sonne gedörrt, wurde aufgehäuft und mit großem Jubel verbrannt, dass der Qualm weithin sich verbreitete und die jungen Leutchen darin herumsprangen wie besessen. Dies war das letzte Freudenfest auf dem Unglücksfelde, und das junge Vrenchen, Martis Tochter, kam auch hinausgeschlichen und half tapfer mit.

5 Das Ungewöhnliche dieser Begebenheit und die lustige Aufregung gaben einen guten Anlass, sich seinem kleinen Jugendgespielen wieder einmal zu nähern, und die Kinder waren recht glücklich und munter bei ihrem Feuer. Es kamen noch andere

10 Kinder hinzu und es sammelte sich eine ganze vergnügte Gesellschaft; doch immer sobald sie

※ alsobald: sofort

getrennt wurden, suchte Sali alsobald wieder neben Vrenchen zu gelangen, und dieses wusste desgleichen immer vergnügt lächelnd zu ihm zu schlüpfen,

※ Kreaturen: Geschöpfe

15 und es war beiden Kreaturen, wie wenn dieser herrliche Tag nie enden müsste und könnte. Doch der alte Manz kam gegen Abend herbei, um zu sehen, was sie ausgerichtet, und obgleich

※ Lustbarkeit: großes Vergnügen, fröhliche Veranstaltung
※ gewahrend: sehend

sie fertig waren, so schalt er doch ob dieser Lustbarkeit und scheuchte die Gesellschaft auseinander. Zugleich zeigte sich Marti auf seinem Grund und Boden und, seine Tochter gewahrend, pfiff er derselben schrill und gebieterisch durch den Finger, dass sie erschrocken hineilte, und er

20 gab ihr, ohne zu wissen warum, einige Ohrfeigen, also dass beide Kinder in großer Traurigkeit und weinend nach Hause gingen, und sie wussten jetzt eigentlich so wenig, warum sie so traurig waren, als warum sie vorhin so vergnügt gewesen; denn die Rauheit der Väter, an sich ziemlich neu, war von den arglosen Geschöpfen noch nicht begriffen und konnte sie nicht tiefer bewegen.

※ Mannsleute: kräftige Männer
※ streitigen: umstrittenen

Die nächsten Tage war es schon eine härtere Arbeit, zu welcher Mannsleute gehörten, als

※ Grenzscheide: Grenzlinie

25 Manz die Steine aufnehmen und wegfahren ließ. Es wollte kein Ende nehmen, und alle Steine der Welt schienen da beisammen zu sein. Er ließ sie aber nicht ganz vom Felde wegbringen,

※ Fleck: hier: Stelle
※ seit unvordenklichen Zeiten: seit sehr langer Zeit

sondern jede Fuhre auf jenem streitigen Dreiecke abwerfen, welches von Marti schon säuberlich umgepflügt war. Er hatte vorher einen geraden Strich gezogen als Grenzscheide und belastete nun dies Fleckchen Erde mit allen Steinen, welche beide Männer seit unvordenklichen Zeiten

* **die wegzubringen, sein Gegner bleiben lassen würde:** die zu entfernen, die Aufgabe seines Gegners war

* **Gemeindeammann:** in der Schweiz für „Amtmann", Bezirks- oder Gemeindevorsteher

30 herübergeworfen, sodass eine gewaltige Pyramide entstand, die wegzubringen sein Gegner blei-
· ben lassen würde, dachte er. Marti hatte dies am wenigsten erwartet; er glaubte, der andere werde
· nach alter Weise mit dem Pfluge zu Werke gehen wollen, und er hatte daher abgewartet, bis er
· ihn als Pflüger ausziehen sähe. Erst als die Sache schon beinahe fertig, hörte er von dem schönen
· Denkmal, welches Manz da errichtet, rannte voll Wut hinaus, sah die Bescherung, rannte zurück
35 und holte den Gemeindeammann, um vorläufig gegen den Steinhaufen zu protestieren und den
· Fleck gerichtlich in Beschlag nehmen zu lassen, und von diesem Tag an lagen die zwei Bauern im
· Prozess miteinander und ruhten nicht, ehe sie beide zugrunde gerichtet waren.

: 1 Vergleiche diesen Textabschnitt mit dem auf Seite 40 f. Beschreibe, wie sich das Verhältnis zwischen Sali und Vrenchen verändert hat (Z. 5–15). Berücksichtige dabei die verwendeten Adjektive und gehe auf die Stimmung ein, die sie erzeugen.

_____

_____

_____

_____

_____

: 2 Schreibe mit eigenen Worten die Handlungsschritte des Textabschnitts auf.

1. Sali geht mit Angestellten aufs neue Feld, um Unkraut zu jäten.
2. Das Unkraut wird aufgeschichtet und angebrannt.
3. Vrenchen kommt aufs Feld, um zu helfen.

_____

_____

_____

_____

: 3 In Zeile 23 endet zunächst die Schilderung der Ereignisse zwischen Sali und Vrenchen. Was hättest du über die beiden noch gerne erfahren? Gestalte diese Leerstelle als Tagebucheintrag aus. Arbeite im Heft. Gehe wie folgt vor:
• Schreibe aus der Sicht Vrenchens. Wie so oft sitzt sie am Abend allein in ihrer Stube. Ihr gehen die Ereignisse des Tages durch den Kopf:
  – wie sie auf dem Feld ankommt und mithilft,
  – das Zusammentreffen mit Sali (und ihre Gefühle dabei),
  – das Auftauchen der Väter,
  – die Ohrfeigen und ihr Unverständnis darüber, dass ihr Vater so aggressiv war,
  – wie sie sich momentan fühlt.
• Alternativ zu Vrenchens Tagebucheintrag kannst du auch aus Salis Sicht schreiben,
  – wie er diesen Tag erlebt hat,
  – welche Gedanken und Gefühle er hatte, als die Väter auftauchten und Vrenchen mehrmals von ihrem eigenen Vater geohrfeigt wurde.

3.2 Einen inneren Monolog verfassen

Der innere Monolog ist eine Art **Selbstgespräch** und spiegelt das **Innenleben einer literarischen Figur** wieder. Achte beim Verfassen auf folgende Punkte:

- **Versetze dich in die Person hinein**, aus deren Sicht du den Monolog verfasst. Nimm ihre Gedanken, Gefühle, Meinungen, Erlebnisse, Situationen, Eigenheiten, ... auf.
- Du kannst aus der **Ich-Perspektive** Gedankengänge, Empfindungen oder die innere Verfassung darstellen, die Reaktion der Außenwelt reflektieren, widersprüchliche Entscheidungen abwägen, Probleme überdenken oder auch vorausgegangene Rückerinnerungen einbeziehen.
- Schreibe im **Präsens** und orientiere dich an der **Alltagssprache**. Die Gedanken können teilweise **ungeordnet** und **sprunghaft** sein. Der Satzbau kann **kurz**, **reihend**, **unvollständig** sein; **Empfindungswörter**, **rhetorische Fragen** und **Halbsätze** sind möglich.

Johannes Bobrowski: Brief aus Amerika (1965)

Brenn mich, brenn mich, brenn mich, singt die alte Frau und dreht sich dabei, hübsch langsam und bedächtig, und jetzt schleudert sie die Holzpantinen von den Füßen, da fliegen sie im Bogen bis an den Zaun, und sie dreht sich nun noch schneller unter dem Apfelbäumchen. Brenn mich, liebe Sonne, singt sie dazu. Sie hat die Ärmel ihrer Bluse hinaufgeschoben und schwenkt die blo-
5 ßen Arme, und von den Ästen des Bäumchens fallen kleine, dünne Schatten herab, es ist heller Mittag, und die alte Frau dreht sich mit kleinen Schritten. Brenn mich, brenn mich, brenn mich.

Im Haus auf dem Tisch liegt ein Brief aus Amerika.

Da steht zu lesen:

Meine liebe Mutter,
10 teile dir mit, dass wir nicht zu dir reisen werden. Es sind nur ein paar Tage, sag ich zu meiner Frau, dann sind wir dort, und es sind ein paar Tage, sage ich, Alice, dann sind wir wieder zurück. Und es heißt: ehre Vater und Mutter, und wenn der Vater auch gestorben ist, das Grab ist da und die Mutter ist alt, sage ich, und wenn wir jetzt nicht fahren, fahren wir niemals. Und meine Frau sagt: hör mir zu, John, sie sagt John zu mir, dort ist es schön, das hast du mir erzählt, aber das
15 war früher. Der Mensch ist jung oder alt, sagt sie, und der junge Mensch weiß nicht, wie es sein wird, wenn er alt ist, und der alte Mensch weiß nicht, wie es in der Jugend war. Du bist hier etwas geworden, und du bist nicht mehr dort. Das sagt meine Frau. Sie hat recht. Du weißt, ihr Vater hat uns das Geschäft überschrieben, es geht gut. Du kannst deine Mutter herkommen lassen, sagt sie. Aber du hast ja geschrieben, Mutter, dass du nicht kommen kannst, weil einer schon dort
20 bleiben muss, weil alle von uns weg sind.

Der Brief ist noch länger. Er kommt aus Amerika.

Und wo er zu Ende ist, steht: Dein Sohn Jons.

Es ist heller Mittag, und es ist schön. Das Haus ist weiß. An der Seite steht ein Stall. Auch der Stall ist weiß. Und hier ist der Garten. Ein Stückchen den Berg hinunter steht schon das nächste
25 Gehöft, und dann kommt das Dorf, am Fluss entlang, und die Chaussee biegt heran und geht vorbei und noch einmal auf den Fluss zu und wieder zurück und in den Wald. Es ist schön. Und es ist heller Mittag. Unter dem Apfelbäumchen dreht sich die alte Frau. Sie schwenkt die bloßen Arme. Liebe Sonne, brenn mich, brenn mich.

In der Stube ist es kühl. Von der Decke baumelt ein Beifußbusch umsummt von Fliegen. Die alte
30 Frau nimmt den Brief vom Tisch, faltet ihn zusammen und trägt ihn in die Küche auf den Herd. Sie geht wieder zurück in die Stube. Zwischen den beiden Fenstern hängt der Spiegel, da steckt in der unteren Ecke links, zwischen Rahmen und Glas, ein Bild. Eine Fotografie aus Amerika. Die alte Frau nimmt das Bild heraus, sie setzt sich an den Tisch und schreibt auf die Rückseite: das ist mein Sohn Jons. Und das ist meine Tochter Alice. Und darunter schreibt sie: Erdmuthe
35 Gauptate geborene Attalle. Sie zupft sich die Blusenärmel herunter und streicht sie glatt. Ein schöner weißer Stoff mit kleinen blauen Punkten. Aus Amerika. Sie steht auf, und während sie

zum Herd geht, schwenkt sie das Bild ein bisschen durch die Luft. Als der Annus von Tauroggen gekommen ist, damals, und hier geblieben ist, damals: es ist wegen der Arme, hat er gesagt, solche weißen Arme gab es nicht, da oben, wo er herkam, und hier nicht, wo er blieb. Und
40 dreißig Jahre hat er davon geredet. Der Annus.

Der Mensch ist jung oder alt. Was braucht der alte Mensch denn schon? Das Tageslicht wird dunkler, die Schatten werden heller, die Nacht ist nicht mehr zum Schlafen, die Wege verkürzen sich. Nur noch zwei, drei Wege, zuletzt einer.

Sie legt das Bild auf den Herd, neben den zusammengefalteten Brief. Dann holt sie die Streich-
45 hölzer aus dem Schaff und legt sie dazu. Werden wir die Milch aufkochen, sagt sie und geht hinaus, Holz holen.

1 Verdeutliche dir anhand des Textes und der Bilder die unterschiedlichen Lebensräume und Lebensverhältnisse von Mutter und Sohn.

2 Lies den Text ein zweites Mal ganz genau und fasse die Handlung mit eigenen Worten kurz zusammen.

....

....

....

3 Gliedere den Text und bestimme den Abschnitt, der den Brief aus Amerika wiedergibt, sowie die Teile, die etwas über die alte Mutter und ihr Leben aussagen. Mache dir deutlich, in welcher Lebenssituation sich die Mutter befindet. Überlege dabei, was die Sätze aussagen, die mit „Der Mensch ist jung und alt …" beginnen.

4 Mache dir mit Hilfe einer Mindmap deutlich, welche Gedanken und Gefühle die Mutter nach der Absage ihres Sohnes haben könnte. Arbeite im Heft.

5 Schreibe den inneren Monolog der Mutter weiter. Formuliere die Gedanken so, wie sie dir gerade einfallen. Überlege dabei auch, ob die Mutter am Ende das Bild und den Brief verbrennt. Arbeite im Heft.

Ödön von Horváth: Geschichten aus dem Wiener Wald (1931)

1931 erscheint das „Volksstück" „Geschichten aus dem Wiener Wald" des österreichisch-ungarischen Dramatikers Ödön von Horváth (1901–1938), ein Schlüsselwerk des modernen Dramas. Das Stück spielt „in unseren Tagen", also 1931, am Vorabend des Nationalsozialismus, „und zwar in Wien, im ‚Wiener Wald' und draußen in der ‚Wachau". (Vorspann) Horváth enthüllt in dieser Parodie auf das „Wiener Volksstück" die Verlogenheit der „Wiener Gemütlichkeit" und die Dummheit, Bosheit und Gewalttätigkeit, die sich hinter der ehrbaren Fassade der Kleinbürger-Idylle verbergen.

Die Sprache der Figuren wirkt befremdlich und künstlich, weil die Figuren oft im „Bildungsjargon" sprechen und mit Angelesenem, mit Sprichwörtern, Zitaten und Fremdwörtern über ihren tatsächlichen Bildungsstand hinwegtäuschen wollen.

Marianne, Tochter des hartherzigen „Zauberkönigs", des Besitzers einer gleichnamigen Spielwarenhandlung („Puppenklinik"), ist verlobt mit dem ehrbaren, aber brutalen Schlachter („Fleischhauer") Oskar. Später lässt sie sich mit dem leichtlebigen „Strizzi" Alfred ein. Der Rittmeister verkörpert die alte, untergegangene K.u.K.-Monarchie Österreich-Ungarn.

II. Stille Straße im achten Bezirk

Von links nach rechts: Oskars gediegene Fleischhauerei mit halben Rindern und Kälbern, Würsten, Schinken und Schweinsköpfen in der Auslage. Daneben eine Puppenklinik mit Firmenschild „Zum Zauberkönig" – mit Scherzartikeln, Totenköpfen, Puppen, Spielwaren, Raketen, Zinnsoldaten und einem Skelett im Fenster. Endlich: eine kleine Tabak-Trafik mit Zeitungen, Zeitschriften und Ansichtspostkarten vor der Tür. Über der Puppenklinik befindet sich ein Balkon mit Blumen, der zur Privatwohnung des Zauberkönigs gehört.

[…]

DER ZAUBERKÖNIG *erscheint auf seinem Balkon, in Schlafrock und mit Schnurrbartbinde:* Marianne! Bist du da?

MARIANNE: Papa?

5 **ZAUBERKÖNIG:** Wo stecken denn meine Sockenhalter?

MARIANNE: Die rosa oder die beige?

ZAUBERKÖNIG: Ich hab doch nur mehr die rosa!

MARIANNE: Im Schrank links oben, rechts hinten.

ZAUBERKÖNIG: Links oben, rechts hinten. Difficile est, satiram non scribere (= Es ist schwer,
10 keine Satire zu schreiben). *Ab.*

RITTMEISTER *zu Marianne:* Immer fleißig, Fräulein Marianne! Immer fleißig!

MARIANNE: Arbeit schändet nicht, Herr Rittmeister.

RITTMEISTER: Im Gegenteil. Apropos: wann darf man denn gratulieren?

MARIANNE: Zu was denn?

15 **RITTMEISTER:** Na zur Verlobung.

ZAUBERKÖNIG *erscheint wieder auf dem Balkon:* Marianne!

RITTMEISTER: Habe die Ehre, Herr Zauberkönig!

ZAUBERKÖNIG: Habe die Ehre, Herr Rittmeister! Marianne. Zum letzten Mal: Wo stecken meine Sockenhalter?

20 **MARIANNE:** Wo sie immer stecken.

ZAUBERKÖNIG: Was ist das für eine Antwort, bitt ich mir aus! Einen Ton hat dieses Ding an sich! Herzig! Zum leiblichen Vater! Wo meine Sockenhalter immer stecken, dort stecken sie nicht.

MARIANNE: Dann stecken sie in der Kommod.

25 **ZAUBERKÖNIG:** Nein.

MARIANNE: Dann im Nachtkastl.

ZAUBERKÖNIG: Nein.

MARIANNE: Dann bei deinen Unterhosen.

ZAUBERKÖNIG: Nein.

30 **MARIANNE:** Dann weiß ich es nicht.

ZAUBERKÖNIG: Jetzt frag ich aber zum allerletzten Mal: wo stecken meine Sockenhalter!

MARIANNE: Ich kann doch nicht zaubern!

ZAUBERKÖNIG *brüllt sie an:* Und ich kann doch nicht mit rutschende Strümpf in die Totenmess! Weil du meine Garderob verschlampst! Jetzt komm aber nur rauf und such du! Aber avanti,
35 avanti!

MARIANNE *ab in die Puppenklinik – und jetzt wird der Walzer „Über den Wellen" wieder weitergespielt.*

RITTMEISTER: Wer spielt denn da?

ZAUBERKÖNIG: Das ist eine Realschülerin im zweiten Stock – ein talentiertes Kind ist das.

RITTMEISTER: Ein musikalisches.

40 **ZAUBERKÖNIG:** Ein frühentwickeltes – *Er summt mit, riecht an den Blumen und genießt ihren Duft.*

RITTMEISTER: Es wird Frühling, Herr Zauberkönig.

ZAUBERKÖNIG: Endlich! Selbst das Wetter ist verrückt geworden!

❋ Nachtkastl:
Nachtschränkchen

RITTMEISTER: Das sind wir alle.

ZAUBERKÖNIG: Ich nicht. *Pause*

45 ZAUBERKÖNIG: Elend sind wir dran, Herr Rittmeister, elend. Nicht einmal einen Dienstbot kann man sich halten. Wenn ich meine Tochter nicht hätt –

[…]

1 Halte deinen ersten Eindruck von der Szene schriftlich fest. Informiere dich dann über Entstehungszusammenhang, Inhalt und Wirkungsabsicht des Stückes sowie über den Autor Ödön von Horváth. Notiere kurze Stichpunkte.

2 Untersuche die Dialogführung sowie die Sprache der Figuren und ihre Wirkung und führe Beispiele für die Künstlichkeit der Sprache an.

3 Verfasse eine Monolog-Szene, mit der du die innere Situation Mariannes, ihr Verhältnis zu ihrem Vater sowie ihre Gefühle erkundest und auch ihre Art zu sprechen berücksichtigst. Arbeite im Heft. Du kannst z. B. so beginnen:

> **Marianne** (für sich): Was der Vater heute wieder hat! Soll er seine Sockenhalter doch selber suchen! Bin ich seine Dienstmagd? Er behandelt mich, als sei ich …

4 Begründe deine inhaltlichen und sprachlichen Gestaltungsentscheidungen in einem zusammenhängenden Text. So kannst du z. B. beginnen:

> Ich habe mich dafür entschieden, Marianne in ihrem Monolog empört, aber auch leidend zu zeigen. Bei der sprachlichen Gestaltung habe ich versucht …

3.3 Einen Brief verfassen

> Der Brief ist ein **emotionaler Text**, der die Aufgabe hat, dem **Empfänger (Adressaten) zu sagen, was dem Absender auf dem Herzen liegt.** Achte beim Verfassen auf folgende Punkte:
> - **Versetze dich in die Person hinein**, aus deren Sicht du den Brief verfasst. Nimm ihre Gedanken, Gefühle, Meinungen, Erlebnisse, Situationen, Eigenheiten, ... auf.
> - Überlege, was der **Absender** und der **Empfänger wissen** und was sie nicht wissen können. Mache dir klar: Wie gut kennt der Absender den Empfänger? Was soll der Empfänger erfahren? Was nicht?
> - Verwende beim Verfassen einen **entsprechenden Sprach- und Schreibstil** (abhängig von dem Adressaten, dem Anlass, dem Zweck). Schreibe im **Präteritum (oder Perfekt)**.
> - Denke an **formale Aspekte** eines Briefes, wie z.B. Anrede, Datum und Grußformel.

Bei der Geschichte „Brief aus Amerika" (Seite 46 f.) kannst du dir sicher vorstellen, dass die Mutter ihrem Sohn Jons auf seinen Brief antwortet. Dieser Brief könnte so beginnen:

> Lieber Jons,
>
> ich war sehr betrübt, als ich deinen Brief erhalten habe. Ich hätte so gerne deine Frau Alice kennen gelernt. Ich hatte mich auch gefreut, dich nach vielen Jahren noch einmal wiederzusehen. Ich kann euch nicht besuchen, denn ich muss hier bleiben, das Haus in Ordnung halten, das Grab deines Vaters pflegen
> 5 und mich um die Wiesen und den Garten und die Tiere kümmern. Ich bin schon alt und es braucht immer mehr Kraft und Anstrengung, die Wiesen zu mähen, die Kühe zu füttern und das Obst und Gemüse zu ernten. Manchmal hilft mir jemand aus der Nachbarschaft, oft muss ich aber auch tagelang alleine arbeiten. Gesundheitlich geht es mir ja noch gut, ich genieße den Sonnenschein und freue mich, wenn alles blüht und grünt. Noch habe ich genügend Kraft für die tägliche Arbeit, aber wie lange noch?
> 10 Nun ist der Sommer bald vorbei. Jetzt im August müssen ...
>
> Deine Mutter Erdmuthe Gauptate

1 Prüfe, wie der Schreiber dieses Briefes die Figur der Mutter Erdmuthe Gauptate versteht. Wenn du ein ähnliches Verständnis hast, dann setze den Brief fort. Arbeite im Heft.

2 Wenn du die Figur der Mutter ganz anders verstanden hast, dann schreibe einen anderen Brief. Arbeite im Heft. Prüfe anschließend, ob du die Mutter durch das Schreiben des Briefes besser verstehst.

3 Im Text „Brief aus Amerika" (Seite 46 f.) ist ein Ausschnitt aus dem Brief von Jons enthalten. Versetze dich in die Figur des Sohnes hinein und schreibe seinen Brief weiter. Arbeite im Heft.

Gottfried Keller: Romeo und Julia auf dem Dorfe (Ende) (1856)

Mittlerweile ist die Nacht fast vorbei und Vrenchen und Sali stehen vor der ausweglosen Situation, sich trennen zu müssen. Vor dem Wirtshaus werden beide vom schwarzen Geiger angesprochen. Er bietet ihnen an, sich ihm und seinen Freunden anzuschließen, dann könnten sie zusammen bleiben. Der schwarze Geiger gehört zum fahrenden Volk, das keinen festen Wohnsitz hat, doch Vrenchen und Sali ist diese Lebensweise fremd. Sie können sich nicht mit dem Gedanken anfreunden. Bevor alle aufbrechen, gehen sie mit dem schwarzen Geiger ins Wirtshaus, um zu essen und zu trinken. Im Wirtshaus wird aus Spaß die Trauung der beiden symbolisch nachgestellt. Anschließend zieht der schwarze Geiger mit seiner Gefolgschaft los. Zunächst schließen sich ihnen Sali und Vrenchen an. Doch als sie ihr Heimatdorf durchqueren, bleiben beide in der Nähe des Ufers zurück. Sali und Vrenchen haben den gleichen Gedanken: Selbstmord. Sie sehen ein Schiff, das mit Heu beladen ist, am Ufer. Sie gehen auf das Schiff zu.

Das Schiff lag einige Schritte vom Ufer entfernt im tiefern Wasser. Sali hob Vrenchen mit seinen Armen hoch empor und schritt durch das Wasser gegen das Schiff; aber es liebkoste ihn so heftig ungebärdig und zappelte wie ein Fisch, dass er im ziehenden Wasser keinen Stand halten konnte. Es strebte Gesicht und Hände ins Wasser zu tauchen und rief: „Ich will auch das kühle
5 Wasser versuchen! Weißt du noch, wie kalt und nass unsere Hände waren, als wir sie uns zum ersten Mal gaben? Fische fingen wir damals, jetzt werden wir selber Fische sein und zwei schöne große!" „Sei ruhig, du lieber Teufel!", sagte Sali, der Mühe hatte, zwischen dem tobenden Liebchen und den Wellen sich aufrecht zu halten, „es zieht mich sonst fort!" Er hob seine Last in das Schiff und schwang sich nach; er hob sie auf die hochgebettete weiche und duftende Ladung und
10 schwang sich auch hinauf, und als sie oben saßen, trieb das Schiff allmählich in die Mitte des Stromes hinaus und schwamm dann, sich langsam drehend, zu Tal. Der Fluss zog bald durch hohe dunkle Wälder, die ihn überschatteten, bald durch offenes Land; bald an stillen Dörfern vorbei, bald an einzelnen Hütten; hier geriet er in eine Stille, dass er einem ruhigen See glich und das Schiff beinah stillhielt, dort strömte er um Felsen und ließ die schlafenden Ufer schnell
15 hinter sich; und als die Morgenröte aufstieg, tauchte zugleich eine Stadt mit ihren Türmen aus dem silbergrauen Strome. Der untergehende Mond, rot wie Gold, legte eine glänzende Bahn den Strom hinauf und auf dieser kam das Schiff langsam überquer gefahren. Als es sich der Stadt näherte, glitten im Froste des Herbstmorgens zwei bleiche Gestalten, die sich fest umwanden, von der dunklen Masse herunter in die kalten Fluten. Das Schiff legte sich eine Weile nach-
20 her unbeschädigt an eine Brücke und blieb da stehen. Als man später unterhalb der Stadt die Leichen fand und ihre Herkunft ausgemittelt hatte, war in den Zeitungen zu lesen, zwei junge Leute, die Kinder zweier blutarmen zugrunde gegangenen Familien, welche in unversöhnlicher Feindschaft lebten, hätten im Wasser den Tod gesucht, nachdem sie einen ganzen Nachmittag herzlich miteinander getanzt und sich belustigt auf einer Kirchweih. Es sei dies Ereignis vermut-
25 lich in Verbindung zu bringen mit einem Heuschiff aus jener Gegend, welches ohne Schiffleute in der Stadt gelandet sei, und man nehme an, die jungen Leute haben das Schiff entwendet, um darauf ihre verzweifelte und gottverlassene Hochzeit zu halten, abermals ein Zeichen von der um sich greifenden Entsittlichung und Verwilderung der Leidenschaften.

---

gegen das Schiff: dem Schiff entgegen
ungebärdig: wild
im ziehenden Wasser: im strudelnden Wasser
keinen Stand halten: nicht aufrecht stehen
seine Last: hier: Vrenchen
hochgebettete: aufgestapelte

überquer: quer zur Fahrrichtung
umwanden: umklammerten
ausgemittelt: ermittelt
sich belustigt: sich vergnügten
gelandet: angekommen
gottverlassene: sehr einsame, trostlose
Entsittlichung: Zerstörung der Sittlichkeit/Moral

: 4   Erkläre kurz mit eigenen Worten, was passiert ist.

_____

_____

: 5   Versetze dich in die Situation von Salis Vater. Er hat die Zeitungsnachricht gelesen und ist traurig. Er macht sich Vorwürfe, weil sein Sohn Selbstmord begangen hat, und er weiß, dass der Tod der beiden jungen Menschen unsinnig war. Verfasse einen Brief aus seiner Sicht und berichte über
• seine Trauer,
• seine Verbohrtheit, was die Feindschaft zwischen Marti und ihm angeht,
• Salis und Vrenchens Liebe, die er nicht bemerkt hat,
• seinen Schmerz darüber, wie beide gestorben sind.
Der Brief soll entweder an einen nahestehenden Verwandten oder den Pfarrer, der im nahen Seldwyla lebt, adressiert sein. Arbeite im Heft.

3.4   Einen Dialog verfassen

Der Dialog ist eine **mündlich oder schriftlich zwischen zwei oder mehr Personen geführte Rede und Gegenrede**. Achte beim Verfassen auf folgende Punkte:

- Stelle die genaue **Gesprächssituation** dar. Das Formulieren und Beantworten von W-Fragen im Vorfeld hilft dir dabei (z. B. Wo findet das Gespräch statt? Wie stehen die sprechenden Personen zueinander? Was wird besprochen? Welche äußeren Umstände spielen eine Rolle? …).
- Verwende die **wörtliche Rede**.
- Drücke die Meinungen, Gedanken, Gefühle und Stimmungen der Personen aus.
- Die Sprache ist abhängig vom **Sprachstil der Personen**, vom **Anlass** und der **Situation** (auch Dialekt oder Umgangssprache möglich).

Peter Bichsel: Die Tochter (1964)

Abends warteten sie auf Monika. Sie arbeitete in der Stadt, die Bahnverbindungen waren schlecht. Er und seine Frau saßen am Tisch und warteten auf Monika. Seit sie in der Stadt arbeitete, aßen sie erst um halb acht. Früher hatten sie eine Stunde eher gegessen. Jetzt warteten sie täglich eine Stunde am gedeckten
5 Tisch, an ihren Plätzen, der Vater oben, die Mutter auf dem Stuhl nahe der Küchentür, sie warteten vor dem leeren Platz Monikas. Einige Zeit später dann auch vor dem dampfenden Kaffee, vor der Butter, dem Brot, der Marmelade.

Sie war größer gewachsen als sie, sie war auch blonder und hatte die Haut, die feine Haut der Tante Maria. „Sie war immer ein liebes Kind", sagte die
10 Mutter, während sie warteten. In ihrem Zimmer hatte sie einen Plattenspieler, und sie brachte oft Platten mit aus der Stadt, und sie wusste, wer darauf sang. Sie hatte auch einen Spiegel und verschiedene Fläschchen und Döschen, einen Hocker aus marokkanischem Leder, eine Schachtel Zigaretten. Der Vater holte sich seine Lohntüte auch bei einem Bürofräulein. Er sah dann die vielen Stem-
15 pel auf einem Gestell, bestaunte das sanfte Geräusch der Rechenmaschine, die blondierten Haare des Fräuleins, sie sagte freundlich „Bitte schön", wenn er sich bedankte.

Über Mittag blieb Monika in der Stadt, sie aß eine Kleinigkeit, wie sie sagte, in einem Tearoom. Sie war dann ein Fräulein, das in Tearooms lächelnd
20 Zigaretten raucht. Oft fragten sie sie, was sie alles getan habe in der Stadt, im Büro. Sie wusste aber nichts zu sagen. Dann versuchten sie wenigstens, sich genau vorzustellen, wie sie beiläufig in der Bahn ihr rotes Etui mit dem Abonnement aufschlägt und vorweist, wie sie den Bahnsteig entlanggeht, wie sie sich auf dem Weg ins Büro angeregt mit Freundinnen unterhält, wie sie den Gruß
25 eines Herrn lächelnd erwidert. Und dann stellten sie sich mehrmals vor in dieser Stunde, wie sie heimkommt, die Tasche und ein Modejournal unter dem Arm, ihr Parfum; stellten sich vor, wie sie sich an ihren Platz setzt, wie sie dann zusammen essen würden.

Bald wird sie sich in der Stadt ein Zimmer nehmen, das wussten sie und
30 dass sie dann wieder um halb sieben essen würden, dass der Vater nach der Arbeit wieder seine Zeitung lesen würde, dass es dann kein Zimmer mehr mit Plattenspieler gäbe, keine Stunde des Wartens mehr. Auf dem Schrank stand eine Vase aus blauem schwedischen Glas, eine Vase aus der Stadt, ein Geschenkvorschlag aus dem Modejournal.
35 „Sie ist wie deine Schwester", sagte die Frau, „sie hat das alles von deiner Schwester. Erinnerst du dich, wie schön deine Schwester singen konnte."

„Andere Mädchen rauchen auch", sagte die Mutter.

„Ja", sagte er, „das habe ich auch gesagt."

„Ihre Freundin hat kürzlich geheiratet", sagte die Mutter. Sie wird auch
40 heiraten, dachte er, sie wird in der Stadt wohnen.

Kürzlich hatte er Monika gebeten: „Sag mal etwas auf Französisch." – „Ja",
hatte die Mutter wiederholt, „sag mal etwas auf Französisch." Sie wusste aber
nichts zu sagen.

Stenografieren kann sie auch, dachte er jetzt. „Für uns wäre das zu schwer",
45 sagten sie oft zueinander.

Dann stellte die Mutter den Kaffee auf den Tisch. „Ich habe den Zug
gehört", sagte sie.

1 Kreuze an, um welche Textsorte es sich bei dem Text „Die Tochter" von Peter Bichsel handelt.

☐ Novelle ☐ Kurzgeschichte ☐ Reportage

2 Formuliere in der Randspalte W-Fragen an den Text und beantworte diese (z. B. Wo spielt die Geschichte? Welche Personen kommen vor? …).

3 Kläre, welches Thema im Text von Peter Bichsel behandelt wird.

_____

_____

4 Charakterisiere in der Tabelle die einzelnen Personen. Arbeite mit kurzen Textzitaten und trage zusätzliche Informationen, die für die Charakterisierung wichtig sind, mit deinen eigenen Worten ein.

VATER	MUTTER	TOCHTER

5 Untersuche, wie der Text „Die Tochter" sprachlich gestaltet ist. Welche Folgen hat die sprachliche Gestaltung für die Gesamtwirkung der Geschichte? Nutze die Randspalte für deine Notizen.

6 Formuliere ein Gespräch zwischen der Mutter und der Tochter Monika, die an diesem Abend erst vier Stunden später als sonst nach Hause kommt. Der Vater liegt bereits im Bett. Die Mutter empfängt die Tochter aufgeregt und besorgt an der Wohnungstür. Arbeite im Heft. Du kannst so vorgehen:
- Lies mehrmals die Aufgabenstellung und unterstreiche wichtige Informationen.
- Bestimme die genaue Verortung des produktiven Textes und überlege, welche Ergebnisse der Aufgaben 1–5 du für das Schreiben des Dialogs benötigst.
- Lege eine Materialsammlung an und erstelle daraus einen Schreibplan.
- Schreibe den Dialog und überarbeite ihn. Achte darauf, dass die Sprache und das Verhalten zu den Figuren passen. Du kannst auch Äußerungen und Beschreibungen aus dem Originaltext als Grundlage verwenden und erweitern.

3.5 Ein Interview verfassen

Das Interview ist eine **Sonderform des Gesprächs**, in dem die Rollen klar verteilt sind. **Eine Person stellt Fragen**, die sie vorbereitet hat, und die **andere Person beantwortet diese Fragen** spontan. Achte beim Verfassen auf folgende Punkte:
- Du kannst im Interview die **Motive einer Figur** direkt hinterfragen und ihre **inneren Vorgänge** gezielt ergründen.
- Vermeide Fragen, die nicht im unmittelbaren Zusammenhang zur literarischen Vorlage stehen.
- Bedenke die **Situation**, in welcher sich die Figur befindet, mit der das Interview geführt wird.
- Bringe die **Fragen** in eine **sinnvolle Reihenfolge**.
- Behalte bei der Auswahl der Fragen und bei deiner Wortwahl stets den **Originaltext im Auge** und formuliere glaubwürdige Antworten.

Hartmut Lange: Die Verteidigung des Nichts (1998)

Nach dieser Aufregung herrschte im Haus eine sonderbare Stille. Von der Straße her wirkte es wie verlassen: Man hatte die Jalousien heruntergezogen. Wer allerdings genauer hinsah, bemerkte, dass die Dachluke oberhalb der Treppe in regelmäßigen Abständen geöffnet wurde, um frische Luft einzulassen. Auch der Blick in die Küche war frei, aber ob darin gekocht wurde, konnte

5 man in dem schwachen Lichtschein, der vom Korridor aus durch die Tür fiel, nicht erkennen. Dieser Zustand dauerte etwa eine Woche, und eines Tages war es soweit. Es war Dezember, das Wetter unentschieden, der Himmel bedeckt. Marisa Vanucci bedeutete ihrem Mann noch, er solle den Regenschirm nicht vergessen. Den Regenschirm? Ja, hatte die Familie Mambrini jemals einen Regenschirm besessen! Niemand antwortete. Man ließ es bei der Bemerkung der

10 Mutter bewenden, und nun war der Vater, auf den alle warteten, für Augenblicke in seinem Zimmer beschäftigt. Man hörte ein Geräusch, ein hartes, trockenes Klicken, als würde Eisen aufeinanderschlagen. Mutter und Tochter ahnten, was dies zu bedeuten hatte, und Antonio, der an der Haustür stand, schien ungeduldig zu sein. Die Dinge um sie her, das war unverkennbar, hatten ihre Vertrautheit verloren. Die Mutter stand im Korridor, mit einem Ausdruck, als wäre

15 es ein Raum, in dem sie sich verirrt hatte, und Laura sah aus dem Schlafzimmer, wie der Steinboden, der die Mutter hielt, sich langsam aber unaufhaltsam zu neigen begann. Als der Vater in dem Halbdunkel der Diele erschien, er war bemüht, indem er sich aufrichtete und das Kinn hob, größer zu erscheinen, als er war, nickte ihm die Mutter einverständig zu, und der Sohn öffnete die Tür. Ein riesiger Oleanderstrauch, trotz der späten Jahreszeit in voller Blüte, drängte sich ihm

20 entgegen. Es war ein allzu üppiges Rot, und dass dahinter der Himmel zu sehen war, darüber erschrak die Schwester, und die Mutter schloss die Augen, als wäre sie geblendet. Der Vorbau stand voller Geranien, so dass Vater und Sohn die Treppe nur hintereinander betreten konnten, und Antonio wehrte die Bewegung des Vaters, der ihn am Ärmel sicher halten wollte, ab. Sie gingen auf den Wagen zu, dessen silbriges Grau in der Sonne, die hin und wieder durchbrach,

25 aufblitzte, und bevor beide darin verschwanden, der Vater hielt den Zündschlüssel in der Hand, sahen sie sich nochmals um.

Die Eingangstür war offen, und dort standen Mutter und Tochter wie in einem Schaukasten unbeweglich da. Beide sehr gefasst und irgendwie voller Zustimmung, und die Mutter hatte vergessen, ihren linken Strumpf glattzuziehen. Dies sah der Vater, versuchte, sich ihr durch ein

30 Zeichen, indem er die Hand hob, nochmals verständlich zu machen. Aber sie bemerkte es nicht, und so war die Welt, als sie mit dem Wagen aus der Vorstadt hinaus in Richtung auf die Maisfelder fuhren, erst einmal beschaffen. Auf den Maisfeldern konnten sie das Fabrikgelände nicht wiederfinden. Offenbar waren sie eine Straße zu spät abgebogen, und da der Boden frisch gepflügt und dadurch unpassierbar geworden war, schlug der Vater vor, bis zu dem Parkplatz, den

35 er unterwegs gesehen hatte, zurückzufahren. Als sie wieder im Wagen saßen, zeigte sich Antonio besorgt darüber, dass ihnen die Schwester und vielleicht sogar die Mutter folgen könnten. Aber der Vater winkte ab. „Sie warten auf eine Nachricht. Wann immer sie kommt. Das haben wir verabredet", sagte er. Und auf das Wort der Mutter, fügte er hinzu, könne man sich verlassen. Sie

⁴⁰ erreichten den Parkplatz, sahen, dass er von hohen Pappeln umstanden war, und an der äußers-
ten Kante parkte ein Fiat. Der Vater fuhr in engem Bogen daran vorbei. Sie vergewisserten sich,
dass er leer war, dann ließ Mambrini seinen Wagen mitten auf dem Platz stehen. Er schaltete den
Motor ab, und nachdem sie einige Minuten schweigend nebeneinander gesessen hatten, begann
es zu regnen. Antonio wollte etwas sagen. Er wollte sagen, dass er, wenn die Familie hartnäckige-
ren Widerstand geleistet hätte, vielleicht in der Lage gewesen wäre, noch einige Monate durchzu-
⁴⁵ halten. Auch wollte er sagen, wie dankbar er dem Vater sei und dass er keinen Augenblick daran
zweifelte, dass alles so geschehen würde, wie man es ihm versprochen hatte. „Was erwartet uns
jetzt?", fragte er plötzlich und war erstaunt, wie rasch und bereitwillig der Vater darauf antwortete. „Nichts", sagte Mambrini. „Nichts." Aber, fügte er hinzu, und er hätte dies auch der Mutter
gesagt: Man solle es deswegen nicht gering schätzen. Antonio sah, dass der Vater fiebrige Augen
⁵⁰ hatte und übernächtigt wirkte, und als Mambrini die Pistole aus der Manteltasche zog, kurbelte
er die Fensterscheibe herunter und zeigte ins Freie. Ob man nicht den Regen abwarten solle,
wollte er wissen, aber sah ein, dass es aussichtslos war. Das Stück Himmel, das sie vor Augen
hatten, wurde immer dunkler. Noch einmal und als wollte Mambrini sein Gewissen erleich-
tern, sprach er darüber, dass Laura auch ohne den Vater würde auskommen können, dass man
⁵⁵ genügend Geld zurückgelegt hätte, und was die Mutter betraf … Hier hatte Mambrini Mühe,
sich dem Sohn gegenüber verständlich zu machen. Rasch kam er auf die gemeinsame Fahrt nach
Padua zurück, und er versicherte, dass er das Verweilen auf der Straße hinter Chióggia keines-
wegs vergessen hätte. Auch nicht die kurzen Meinungsverschiedenheiten mit der Mutter über
die Bedeutung der Lichter, die in der Dunkelheit über dem Meer aufgetaucht waren. „Vielleicht",
⁶⁰ sagte Mambrini und mit einem Anflug von Bedauern, „vielleicht", wiederholte er, „hätten wir
doch zu dritt nach Venedig fahren sollen." Zwei Tage später las man im Corriere della Sera
folgende Notiz: „Am Montag Nachmittag, nicht weit von ihrem Haus in Bastia entfernt, hat
der Angestellte Franco Mambrini seinem Sohn, der an cerebellarer Atrophie litt, in die Schläfe
geschossen und sich darauf selbst das Leben genommen. Der Vater starb sofort, während der
⁶⁵ junge Mann, Antonio, in ein tiefes Koma fiel. Er starb gestern um 16 Uhr 30. Die Tat geschah
mit Einwilligung der Familie."

✳ **Cerebellare Atrophie:**
unheilbare Erkrankung
des Zentralnervensystems,
Schrumpfung des Klein-
hirns, Lähmung, Erblindung,
geistiger Verfall, Krankheit
verläuft nicht tödlich,
Patient schwerer Pflegefall

: 1 Bearbeite den Text und nimm zu den zwei folgenden Behauptungen kurz Stellung: Antonios Erschießung
ist eine Hinrichtung gewesen. Marisa Vanucci hat ihre Familie aus egoistischen Motiven geopfert.

: 2 Schreibe ein kurzes Statement von Marisa Vanucci, in dem sie darstellt, wie sie zu der Tat steht und
wie es ihr damit geht. Arbeite im Heft.

: 3 Nach dem Tod ihres Mannes Franco Mambrini und ihres Sohnes Antonio wird Frau Marisa Vanucci von der
Polizei verhört. Immer wieder stellt der zuständige Kommissar Galliano ihr die Frage, wie es zu dieser Tat
kommen konnte. Gestalte das Interview zwischen Kommissar Galliano und Marisa Vanucci. Arbeite im Heft.

4 Texte umgestalten

Eine weitere Möglichkeit der Texterschließung ist das Umschreiben von Texten. Du kannst z. B. einen Text aus der **Perspektive einer anderen Figur** gestalten oder zu einem Text einen **Paralleltext** entwerfen.
Auch bei dieser Methode ist Voraussetzung, dass du den Ausgangstext in seinem Inhalt, seiner Form und Sprache verstanden hast, damit du deinen eigenen Text parallel zu dem Ausgangstext schreiben kannst.

: 1 Lies den Text „Brief aus Amerika" von Johannes Bobrowski (Seite 46 f.) und bearbeite auf Seite 47 die Aufgaben 1–4. Gestalte den Text um, indem du ihn aus der Perspektive der Mutter in der Ich-Form schreibst. Arbeite im Heft.

Achtung: alte Rechtschreibung

Bertolt Brecht: Märchen (um 1965)

Es war einmal ein Prinz, weit drüben im Märchenlande. Weil der nur ein Träumer war, liebte er es sehr, auf einer Wiese nahe dem Schlosse zu liegen und träumend in den blauen Himmel zu starren. Denn auf dieser Wiese blühten die Blumen größer und schöner als sonstwo. –

5 Und der Prinz träumte von weißen, weißen Schlössern mit hohen Spiegelfenstern und leuchtenden Söllern.

Es geschah aber, daß der alte König starb. Nun wurde der Prinz sein Nachfolger. Und der neue König stand nun oft auf den Söllern von weißen, weißen Schlössern mit hohen Spiegelfenstern.

10 Und träumte von einer kleinen Wiese, wo die Blumen größer und schöner blühten denn sonstwo.

: 2 Suche nach weiteren Beispielen dafür, dass viele Menschen sich immer das wünschen, was sie gerade nicht haben oder sind. Notiere Stichpunkte.

_____

_____

_____

_____

_____

: 3 Der Titel des Textes lautet *Märchen*. Überlege, welcher Textsorte du den Text zuordnen würdest, und begründe deine Entscheidung.

_____

_____

_____

: 4 Schreibe einen Paralleltext. Ersetze dabei die Person des Prinzen und seine Lebenssituation durch eine andere Person und deren Lebensumstände. Arbeite im Heft.

Bertolt Brecht: Vergnügungen (um 1954)

Der erste Blick aus dem Fenster am Morgen
Das wiedergefundene alte Buch
Begeisterte Gesichter
Schnee, der Wechsel der Jahreszeiten
5 Die Zeitung

Der Hund

Die Dialektik

Duschen, Schwimmen

Alte Musik

10 Bequeme Schuhe

Begreifen

Neue Musik

Schreiben, Pflanzen

Reisen

15 Singen

Freundlich sein.

Bertolt Brecht
schreibend, 1927

5 Das Gedicht „Vergnügungen" hat Brecht im Alter von ungefähr 56 Jahren geschrieben. Plane ein Parallelgedicht deiner eigenen „Vergnügungen", indem du zunächst Beobachtungen und Gedanken aus deinem Alltag notierst.

_____

_____

_____

6 Entscheide, welche der notierten Begriffe am aussagekräftigsten sind, und schreibe diese in Zeilenform gesondert auf. Arbeite im Heft.

7 Probiere verschiedene Anordnungen der Zeilen aus. Beurteile, wie sich die Wirkung verändert. Entscheide dich für eine Variante und begründe sie.

_____

_____

_____

5   Prüfe dich selbst

Kann ich den Unterschied zwischen produktiv verstehendem Schreiben und kreativem Schreiben erläutern?

: 1   Gib für jede Schreibform ein Beispiel an und zeige an diesen Beispielen kurz die Unterschiede.

PRODUKTIV VERSTEHENDES SCHREIBEN	KREATIVES SCHREIBEN

Kann ich Besonderheiten nennen, die ich beim produktiv verstehenden Schreiben beachten muss?

: 2   Zähle auf, welche Besonderheiten du beim produktiv verstehenden Schreiben beachten musst.

_____

_____

_____

_____

_____

Kann ich die Merkmale produktiver Textsorten benennen?

: 3   Vervollständige die Aussagen sinngemäß.

Folgende Textsorten werden aus der Ich-Perspektive geschrieben: _____

_____

Der innere Monolog wird in der Zeitform (Tempus) _____ verfasst.

Der Satzbau in einem Tagebucheintrag und in einem inneren Monolog entspricht der Alltagssprache, die

Sätze können _____

_____ sein.

Tagebucheintrag und Brief werden meist in der Zeitform (Tempus) _____ verfasst.

Beim Schreiben eines Briefes muss man auf _____

_____ achten.

Das entscheidende Merkmal eines Dialogs ist die Verwendung von _____

Eine Sonderform des Gesprächs ist das _____ mit folgenden Merkmalen:

_____

Kann ich einen inneren Monolog einer im Text vorkommenden Figur schreiben?

: 4 Lies den Text aufmerksam und verfasse einen inneren Monolog der Frau. Knüpfe direkt an den Text an. Arbeite im Heft.

Kurt Marti: Happy end (1960)

Sie umarmen sich, und alles ist wieder gut. Das Wort ENDE flimmert über ihrem Kuss. Das Kino ist aus. Zornig schiebt er zum Ausgang, sein Weib bleibt im Gedränge hilflos stecken, weit hinter ihm. Er tritt auf die Straße und bleibt nicht stehen, er geht, ohne zu warten, er geht voll Zorn, und die Nacht ist dunkel. Atemlos, mit kleinen, verzweifelten Schritten holt sie ihn
5 schließlich ein und keucht zum Erbarmen. Eine Schande, sagt er im Gehen, eine Affenschande, wie du geheult hast. Sie keucht. Mich nimmt nur Wunder warum, sagt er. Sie keucht. Ich hasse diese Heulerei, sagt er, ich hasse das. Sie keucht noch immer. Schweigend geht er und voll Wut, so eine Gans, denkt er, so eine blöde, blöde Gans, und wie sie keucht in ihrem Fett. Ich kann doch 10 nichts dafür, sagt sie endlich, ich kann doch wirklich nichts dafür, es war so schön, und
10 wenn es schön ist, muss ich einfach heulen. Schön, sagt er, dieser Mist, dieses Liebesgewinsel, das nennst du also schön, dir ist ja wirklich nicht zu helfen. Sie schweigt und geht und keucht und denkt, was für ein Klotz von Mann, was für ein Klotz.

Kann ich einen Brief aus der Sicht einer Figur schreiben?

: 5 Der Mann schreibt an seinen besten Freund einen Brief, in dem er von dem Kinobesuch berichtet. Verfasse den Brief. Achte auch auf formale Aspekte. Arbeite im Heft.

Kann ich einen Tagebucheintrag aus der Sicht einer Figur schreiben?

: 6 Wie könnte die Frau den gemeinsamen Kinobesuch in ihrem Tagebuch festhalten? Schreibe einen Tagebucheintrag und beziehe dich dabei auf den Text. Arbeite im Heft.

Kann ich einen Dialog aus der Sicht von zwei Figuren schreiben?

: 7 Notiere die wenigen Sätze, die das Paar in dem Text „Happy end" wechselt, und überlege, wie das Gespräch weitergehen könnte. Verfasse einen Dialog. Arbeite im Heft.

Kann ich ein Interview zu einem Text schreiben?

8 Unmittelbar nach dem Film wird das Paar vor dem Kino von einem Radioreporter befragt, wie ihnen der Film gefallen hat. Schreibe dieses kurze Interview.

_____

_____

_____

_____

_____

_____

_____

Kann ich erkennen, aus welcher Perspektive in einer Kurzgeschichte erzählt wird und die Geschichte aus einer anderen Perspektive neu erzählen?

9 Aus welcher Perspektive ist der Text „Happy end" auf Seite 59 geschrieben? Kreuze an.

		richtig	falsch
a)	personale Ich-Erzählung (aus der Sicht der Frau)	☐	☐
b)	personale Ich-Erzählung (aus der Sicht des Mannes)	☐	☐
c)	personale Er-Erzählung (aus der Sicht des Mannes)	☐	☐
d)	auktoriale Er/Sie-Erzählung	☐	☐

10 Gib den Textauszug (Z. 2 ff.) aus der Sicht der Frau als personale Ich-Erzählung wieder.

Zornig schiebt er zum Ausgang, sein Weib bleibt im Gedränge hilflos stecken, weit hinter ihm. Er tritt auf die Straße und bleibt nicht stehen, er geht, ohne zu warten, er geht voll Zorn, und die Nacht ist dunkel.

_____

_____

_____

_____

6 Kontrolle und Einschätzung, Tipps zur Weiterarbeit

AUFGABE	BEARBEITET AM	WIEDERHOLT AM	😊 KONNTE ICH GUT	😐 DAS WAR MITTEL	☹ MUSS ICH ÜBEN	Wenn du 😐 oder ☹ angekreuzt hast, dann bearbeite folgende Aufgaben im Teil Üben und Anwenden:
1						S. 76/1–4; S. 77/5, 6; S. 78 f./1–4; S. 79/1, 2
2						S. 76/1–4; S. 77/5, 6; S. 78 f./1–4; S. 79/1, 2; S. 81/2; S. 83/6, 7
3						S. 80/1–4; S. 82 f./1–6; S. 83/8
4						S. 80/2; S. 82/2; S. 83/8
5						S. 80/2; S. 82/3
6						S. 80/1; S. 82/2
7						S. 80/1; S. 82/1; S. 83/8
8						S. 80/3
9						S. 80/4
10						S. 80/4

EINSCHÄTZUNG DER LEHRERIN/DES LEHRERS ODER DER ELTERN:

LITERARISCHE TEXTE UNTERSUCHEN UND INTERPRETIEREN/ EINEN INTERPRETATIONSAUFSATZ VERFASSEN

Johann Peter Hebel: Unverhofftes Wiedersehen (1811)

In Falun in Schweden küsste vor guten fünfzig Jahren und mehr ein junger Bergmann seine junge hübsche Braut und sagte zu ihr: „Auf Sankt Luciä wird unsere Liebe von des Priesters Hand gesegnet. Dann sind wir Mann und Weib und bauen uns ein eigenes Nestlein." – „Und Friede und Liebe soll darin wohnen", sagte die schöne Braut mit holdem Lächeln, „denn du bist
5 mein Einziges und Alles, und ohne dich möchte ich lieber im Grab sein als an einem andern Ort." Als sie aber vor St. Luciä der Pfarrer zum zweiten Mal in der Kirche ausgerufen hatte: „So nun jemand Hindernis wüsste anzuzeigen, warum diese Personen nicht möchten ehelich zusammenkommen", da meldete sich der Tod. Denn als der Jüngling den andern Morgen in seiner schwarzen Bergmannskleidung an ihrem Haus vorbeiging, der Bergmann hat sein Toten-
10 kleid immer an, da klopfte er zwar noch einmal an ihrem Fenster und sagte ihr guten Morgen, aber keinen guten Abend mehr. Er kam nimmer aus dem Bergwerk zurück, und sie saumte vergeblich selbigen Morgen ein schwarzes Halstuch mit rotem Rand für ihn zum Hochzeitstag, sondern als er nimmer kam, legte sie es weg und weinte um ihn und vergaß ihn nie.

Unterdessen wurde die Stadt Lissabon in Portugal durch ein Erdbeben zerstört, und der
15 Siebenjährige Krieg ging vorüber, und Kaiser Franz I. starb, und der Jesuitenorden wurde aufgehoben und Polen geteilt, und die Kaiserin Maria Theresia starb, und der Struensee wurde hingerichtet, Amerika wurde frei, und die vereinigte französische und spanische Macht konnte Gibraltar nicht erobern. Die Türken schlossen den General Stein in der Veteraner Höhle in Ungarn ein, und der Kaiser Joseph starb auch. Der König Gustav von Schweden eroberte russisch
20 Finnland, und die Französische Revolution und der lange Krieg fing an, und der Kaiser Leopold der Zweite ging auch ins Grab. Napoleon eroberte Preußen, und die Engländer bombardierten Kopenhagen, und die Ackerleute säten und schnitten. Der Müller mahlte, und die Schmiede hämmerten, und die Bergleute gruben nach den Metalladern in ihrer unterirdischen Werkstatt.

Als aber die Bergleute in Falun im Jahr 1809 etwas vor oder nach Johannis zwischen zwei
25 Schachten eine Öffnung durchgraben wollten, gute dreihundert Ellen tief unter dem Boden, gruben sie aus dem Schutt und Vitriolwasser den Leichnam eines Jünglings heraus, der ganz mit Eisenvitriol durchdrungen, sonst aber unverwest und unverändert war; also dass man seine Gesichtszüge und sein Alter noch völlig erkennen konnte, als wenn er erst vor einer Stunde gestorben oder ein wenig eingeschlafen wäre an der Arbeit. Als man ihn aber zu Tag ausgefördert
30 hatte, Vater und Mutter, Gefreundte und Bekannte waren schon lange tot, kein Mensch wollte den schlafenden Jüngling kennen und etwas von seinem Unglück wissen, bis die ehemalige Verlobte des Bergmanns kam, der eines Tages auf die Schicht gegangen war und nimmer zurückkehrte. Grau und zusammengeschrumpft kam sie an einer Krücke an den Platz und erkannte ihren Bräutigam; und mehr mit freudigem Entzücken als mit Schmerz sank sie auf die geliebte
35 Leiche nieder, und erst als sie sich von einer langen heftigen Bewegung des Gemüts erholt hatte, „es ist mein Verlobter", sagte sie endlich, „um den ich fünfzig Jahre lang getrauert hatte und den mich Gott noch einmal sehen lässt vor meinem Ende. Acht Tage vor der Hochzeit ist er unter die Erde gegangen und nimmer heraufgekommen." Da wurden die Gemüter aller Umstehenden von Wehmut und Tränen ergriffen, als sie sahen die ehemalige Braut jetzt in der Gestalt des
40 hingewelkten kraftlosen Alters und den Bräutigam noch in seiner jugendlichen Schöne, und wie in ihrer Brust nach fünfzig Jahren die Flamme der Liebe noch einmal erwachte; aber er öffnete den Mund nimmer zum Lächeln oder die Augen zum Wiedererkennen; und wie sie ihn endlich von den Bergleuten in ihr Stüblein tragen ließ, als die Einzige, die ihm angehöre und ein Recht auf ihn habe, bis sein Grab gerüstet sei auf dem Kirchhof. Den andern Tag, als das Grab gerüstet

---

*✱ **Lucia**: Märtyrerin, der Gedenktag wird am 13. Dezember in Schweden gefeiert*

*✱ **Johannis**: 24. Juni, nach Johannes dem Täufer*
*✱ **Eisenvitriol**: Eisensulfat*

*✱ **die Geschichte basiert auf einem tatsächlichen Ereignis**: 1670 verunglückte ein Bergmann, der 1719 aufgefunden und von seiner ehemaligen Braut erkannt wurde*

war auf dem Kirchhof und ihn die Bergleute holten, schloss sie ein Kästlein auf, legte ihm das
schwarzseidene Halstuch mit roten Streifen um und begleitete ihn alsdann in ihrem Sonntags-
gewand, als wenn es ihr Hochzeitstag und nicht der Tag seiner Beerdigung wäre. Denn als man
ihn auf dem Kirchhof ins Grab legte, sagte sie: „Schlafe nun wohl, noch einen Tag oder zehn im
kühlen Hochzeitbett, und lass dir die Zeit nicht lang werden. Ich habe nur noch wenig zu tun
50 und komme bald, und bald wird's wieder Tag. – Was die Erde einmal wiedergegeben hat, wird sie
zum zweiten Mal auch nicht behalten", sagte sie, als sie fortging und noch einmal umschaute.

: 1 Lies die Geschichte mehrmals und markiere Auffälliges und Wichtiges. Schreibe in einem Satz auf,
worum es geht, und formuliere dein Verständnis des Textes als Interpretationshypothese.

_____

_____

_____

: 2 „... und bald wird's wieder Tag." (Z. 50) – Überlege, wie du diese Aussage der alten Frau verstehst.
Informiere dich über die religiösen Vorstellungen, die hier zum Ausdruck kommen.

: 3 Untersuche die Zeitstruktur der Erzählung. Arbeite im Heft.
• Fertige einen Zeitstrahl an und trage die Ereignisse ein, welche in der Erzählung genannt werden.
• Vervollständige deinen Zeitstrahl mit den jeweiligen Zeitangaben.
• Untersuche das Verhältnis zwischen erzählter Zeit und Erzählzeit.
• Überlege, welche Bedeutung die Zeitgestaltung für die Erzählstrategie hat.

: 4 Beschreibe in Stichworten die Erzählstrategie. Gehe dabei ein auf:
• die Erzählstruktur
• die Perspektive und die Erzählhaltung
• den Stil und die sprachlichen Mittel der Darstellung
Kläre die Funktion und Wirkung der einzelnen Gestaltungsmittel.

_____

_____

_____

: 5 Der Philosoph Ernst Bloch hat diese Erzählung als „die schönste Geschichte der Welt" bezeichnet.
Setze dich auf der Grundlage deiner Untersuchungsergebnisse und deiner eigenen Interpretationshypothese mit dieser Auffassung schriftlich auseinander. Arbeite im Heft.

: 6 Verfasse zu dem Text „Unverhofftes Wiedersehen" von Johann Peter Hebel eine Interpretation.
Fertige zuerst eine Stoffsammlung an (du kannst dich dabei an Aufgabe 1–4 orientieren).
Erstelle dann einen Schreibplan.

: 7 Überarbeite deine schriftliche Interpretation. Achte besonders auf den Aufbau und die Gedankenführung,
die sprachliche Darstellung und das korrekte Belegen und Zitieren.

1 Untersuche den Text „Der junge Mann" von Thomas Bernhard (Seite 82) unter von dir ausgewählten Erschließungsaspekten und halte deine Ergebnisse in einer Stoffsammlung fest. Arbeite im Heft.

Stoffsammlung

Textstruktur: Kreisform: Anfang und Ende im Alleinsein, Wendepunkt: „... sich plötzlich schämt" (Z. 12)

Bildlichkeit: „... und deckt sich zu" (Z. 14) = Abgeschiedenheit/Selbstbezogenheit am Schluss – auch bildlich lesbar?

Sprache/Satzbau: „dass er, der junge Mann, allein ist." (Z. 1) Betonung auf „er" macht deutlich, dass

5 nicht, wie zu erwarten, der Alte einsam ist: „Opfer"-Rolle!? „aber" 6× wiederholt am Anfang: Schere zwischen Versuch und Misslingen; „er": 9× an erster Stelle: Satzposition verdeutlicht Ichbezogenheit; einfache, nüchterne/sachliche Sprache, emotionslos – aber: stark emotionale Ausdrücke für das Misslingen: „abgestoßen" (Z. 4); „setzten ihn vor die Tür" (Z. 7); indirekte Rede: keine Kommunikation

Offene Fragen/Bewertung: Führt die Scham (vgl. Z. 12) zur Erkenntnis des eigenen Fehlers/zu verändertem Verhalten? Text wirkt auf mich gleichzeitig einfach und konstruiert. Wie sich ein Kontaktgestörter

10 verhält, Diagnose!?

Erzählperspektive: Erzähler mit Innensicht, neutrale Erzählhaltung, indirekte Rede (ab Z. 1–11): Distanzsignal des Erzählers? d. h.: Ich denke nicht so wie diese Figur.

Textsorte: Parabolische Form; Lehre?

15 **Infos zum Autor:** ?? nachschauen, recherchieren

Raumstruktur: kaum Hinweise, bedeutungslos?

Zeitstruktur: chronologisch, fast Zeitdeckung, Anfang und Ende („Jetzt", Z. 14) im Präsens, im Mittelteil die Redewiedergabe im Perfekt mit Wirkung des Präsens: Der Erzähler beobachtet und beschreibt einen Vorgang

20 **Figurengestaltung/Charakterisierung:** indirekt, erschließbar über die Wortwahl = Emotionslosigkeit! vgl.: „beweisen", „Mittel angewendet", mit Geschenken „verführen", sich sogar „verwandelt", sich „verstellen", „gewonnen"; Zentrales Wort: „verstehen" (Z. 5); „Der" junge Mann: namenlos, Typus, reduziert auf seine Selbstbezogenheit

2 Vergleiche die Ergebnisse deiner Stoffsammlung mit der Schülerarbeit. Ergänze Fehlendes.

3 Erstelle aus deiner Stoffsammlung einen Schreibplan. Arbeite im Heft.

Thomas Bernhard: Der junge Mann. Textinterpretation

Thomas Bernhards kurzer Prosatext thematisiert die Schwierigkeiten eines jungen Mannes, mit anderen Menschen eine Verbindung aufzubauen. In kurzen, nüchtern wirkenden Sätzen wird erzählt, was der junge Mann alles unternimmt, um Menschen für sich zu gewinnen, um am Ende doch zu scheitern.

Schon der erste Satz wirft Fragen auf: Warum versucht der junge Mann dem alten Mann zu beweisen,

5 dass er allein ist? – Will er Mitleid erregen, sucht er Rat bei dem Älteren oder zimmert er sich ein Alibi zurecht, dass er bei seinen Versuchen gar keinen Erfolg haben kann? Im Weiteren erzählt der Autor von den Versuchen des jungen Mannes, Menschen kennen zu lernen. Der junge Mann zählt seine Versuche auf und kann nicht verstehen, weshalb er damit immer wieder scheitert.

Dem kritischen Leser wird rasch klar, dass der junge Mann die falschen Mittel anwendet: So glaubt

10 er, mit Geschenken, also materiellen Dingen, Freunde zu gewinnen. Würde er sich und seine Sprache

kritischer beobachten, müsste er dabei über das Verb „verführen" (Z. 7) stolpern, weil man andere Menschen von sich überzeugen muss, wenn wirkliche Freundschaft entstehen soll. „Verführen" hat dagegen etwas mit Einwickeln, mit Täuschen zu tun. Fast noch schlimmer ist das nächste Mittel, von dem berichtet wird: Er „verwandelt" (Z. 9) sich sogar, um Menschen zu gewinnen. Aber wer kann mit einem

15 Menschen Freundschaft schließen, der sich „verstellt" (Z. 10)? Da fehlen Verlässlichkeit, Ehrlichkeit und Aufrichtigkeit, die zu einer intakten Beziehung gehören. Da Verstellung von den anderen auf kurz oder lang bemerkt wird, findet der junge Mann natürlich keine Freunde. Er geht mit sich aber offenbar nicht kritisch um, und deshalb kommt er auch zu keiner Erkenntnis, was er falsch macht.

Für den Leser könnte hier der Titel der Geschichte ein Hinweis sein, denn der Betroffene ist ein

20 „junger Mann", also einer ohne viel Lebenserfahrung, einer, der Fehler zwangsläufig macht, einer der sucht, vor allem wohl sich selber. [...]

: 4 Lies diesen Schülertext und beurteile, was dir gelungen scheint, was dich nicht überzeugt und was fehlt.

: 5 Untersuche den Aufbau und rekonstruiere den Schreibplan des Textausschnitts. Arbeite im Heft.

: 6 Prüfe, ob die Einleitung den Anforderungen gerecht wird. Ergänze oder korrigiere diesen Teil im Heft.

: 7 Überlege, ob der Schülertext inhaltlich und sprachlich den Anforderungen an einen Interpretationsaufsatz entspricht.
- Formuliere die These und überprüfe, wie sie durch die Textanalyse gestützt wird.
- Untersuche die Gedankenführung und die Lenkung des Lesers.
- Überarbeite diesen Ausschnitt in deinem Heft.

: 8 Wähle aus deinem Schreibplan (Aufgabe 3) zwei oder drei Untersuchungsaspekte aus und formuliere dazu einen zusammenhängenden Text.

Meiner Meinung nach hat der Autor Thomas Bernhard hier einen interessanten Text verfasst, interessant auch gerade für Jugendliche, die oft unsicher sind im Umgang mit anderen Menschen.

: 9 Prüfe, wie der Schluss des Schüleraufsatzes den Anforderungen gerecht wird. Ergänze oder korrigiere gegebenenfalls den Text. Arbeite im Heft.

1

Mit Zeile 11 beginnt ein Satz, der mir besonders wichtig erscheint, auch weil das Geschehen von der Vergangenheit wieder in die Gegenwart wechselt, denn der junge Mann „schämt" (Z. 12) sich plötzlich. Das setzt eine Erkenntnis voraus, die nämlich, dass er erkennt, dass sein Vorgehen gegenüber dem alten Mann, in dem allerdings nichts vorgeht, was der junge Mann wahrnehmen könnte, falsch ist. Er bemerkt

5 seine „Gewalttätigkeit" (Z. 12), die offenbar dazu führt, dass er diesen Gesprächspartner nicht gewinnt, denn in dem alten Mann geht nichts vor, er kann nichts wahrnehmen (Z. 14). Die Teilerkenntnis, die der junge Mann hat, wird vom Autor auch in seinem äußeren Verhalten festgehalten: Er tritt einen Schritt zurück (Z. 12 f.), ja, er läuft sogar weg. Der Schluss liegt nahe, dass er vor sich selbst wegläuft. Denn dazu hat er ja allen Grund. Er ist es ja, der mit sich selbst nicht klarkommt. Das muss einen ja un-

10 glücklich machen, wenn man ständig abgewiesen wird. Und in seinem Zimmer „deckt er sich zu" (Z. 14),

was typisch für ihn ist, d. h. er will von nichts mehr wissen, weil er alles falsch macht. Möglicherweise kommt er noch zu neuen Erkenntnissen, aber er müsste sich rückhaltlos betrachten, um seine Fehler zu analysieren. Der Text zeigt einen jungen Mann, der scheitert. Dazu passt die schmucklose Wortwahl.

2

Besonders wichtig scheint mir in der Handlungsentwicklung die Stelle, an der der junge Mann sich plötzlich „schämt" (Z. 12); es ist wie ein Wendepunkt, was man äußerlich daran erkennt, dass das Geschehen vom Perfekt ins Präsens wechselt (vgl. Z. 11 ff.). Die Scham setzt die Erkenntnis voraus, dass sein Vorgehen gegenüber dem alten Mann falsch ist. Er bemerkt seine „Gewalttätigkeit" (Z. 12), die offenbar
5 auch diesmal dazu führt, dass er den Gesprächspartner nicht für sich „gewinnen" (vgl. Z. 4), d. h. haben und besitzen kann.
   Diese Teilerkenntnis wird vom Erzähler auch im äußeren Verhalten des jungen Mannes festgehalten: „Er tritt einen Schritt zurück" (Z. 12 f.), er „läuft" sogar weg, wobei das Laufen eine Eiligkeit zum Ausdruck bringt, die wiederum zeigt, wie peinlich ihm die Situation ist. In seinem Zimmer „deckt (er) sich
10 zu" (Z. 14), d. h. er will von nichts mehr wissen. Möglicherweise kommt er zu neuen Erkenntnissen, aber dazu müsste er sich rückhaltlos betrachten, um seine Fehler zu erkennen und sich dann zu verändern.
   Das Bild des zugedeckten jungen Mannes möchte ich in den Mittelpunkt stellen, weil darin die von mir bereits in der Deutungshypothese vermutete Selbstbezogenheit besonders deutlich fassbar wird. Es gibt nichts und niemanden, was den jungen Mann wirklich interessiert, und er ist in diesem Zustand auch für niemanden erreichbar: Es ist ein Bild von Kommunikationsverweigerung, Abgewandtheit und Selbstisolierung.
15
   Der Text zeigt einen jungen Mann, der an sich selbst scheitert. Dieses Scheitern wird sachlich, wie ein Alltagsereignis dargestellt und entsprechend schmucklos ist auch die Wortwahl.

: 10 Vergleiche die beiden Aufsatzfassungen. Markiere die Stellen in der zweiten Fassung, die gegenüber der ersten überarbeitet wurden.

: 11 Ordne die Veränderungen den Aspekten der Checkliste für die Überarbeitung (Seite 33) zu.

: 12 Beurteile, ob und inwiefern die Überarbeitung gelungen ist. Überlege, welche Veränderungen besonders wichtig sind, welche stören.

Der Satzbau vieler Sätze ist ähnlich und es entsteht eine Gleichförmigkeit, die dem Sich-im-Kreis-Drehen des jungen Mannes ähnelt. Seine zwiespältige Situation wird durch das sich wiederholende „Aber" (Z. 2, 4, 5, 7, 8, 10) ausgedrückt, wo den Versuchen des jungen Mannes etwas Gegenläufiges gegenübergestellt wird. Der häufig vorkommende Konjunktiv könnte andeuten, dass der junge Mann vieles nur
5 vermutet, aber nicht weiß, was ja auch ein Teil seines Problems ist. Wenn man genau liest, stellt man fest, dass viele Sätze mit „Er" beginnen. Das „Er" steht an erster Stelle.
   Thomas Bernhard, der 1989 starb, hatte ein schweres Leben. Er fühlte sich von seinen Eltern nicht verstanden, wuchs bei seinen Großeltern auf, wobei vor allem der Großvater für ihn wichtig war. Er war häufig krank und viele seiner Hauptfiguren waren isoliert und einsam. Einer seiner Romane trug auch
10 den Titel „Isolation". Die Isolation ist auch heute noch ein typisches Thema unserer modernen Welt.

: 13 Überarbeite den Schülertext von Seite 66. Orientiere dich an der Checkliste (Seite 33) und den Formulierungshilfen (Seite 31). Arbeite im Heft.

: 14 Verfasse einen eigenen Interpretationsaufsatz zu Thomas Bernhards Text „Der junge Mann" (Seite 82). Arbeite im Heft.

Jagoda Marinić: Ausgestochen (2001)

Er sitzt am Tisch des Cafés und erzählt mir von dieser Frau, der er begegnet ist, davon, wie glücklich er ist, dass er sie kennt. Sie scheint erschreckend bezaubernd zu sein, die Art von Frau, die ich immer beneidet habe, die ich nie um mich herum haben wollte, aus Angst, nichts mehr zu sein neben jemandem, der so viel
5 ist. Mit jedem seiner Sätze schnürt er mir mehr und mehr die Kehle zu. Ich hebe den Blick von meinem Cappuccino zu seinen Augen, muss in ihnen sehen, wie unerreichbar sie ist, die Frau seiner Träume, und zum ersten Mal verabscheue ich die Welt seiner Träume, für das, was sie ihm an Träumen so schickt. Er rührt die Milch in seinem Kaffee um, strahlt mich an und scheint nicht die geringste
10 Ahnung zu haben, nicht das kleinste Gespür dafür, was er mir mit seinen Erzählungen über sie, über seine Gefühle zu ihr antut. Er denkt, es freut mich, er denkt, ich fühle mit ihm, freue mich mit ihm, aber mir tut es nur weh, dass er sie kennt und dass er sie so sieht. Sie ist so stark, so stark, wie ich nie war und gewiss auch nie sein werde, es liegt nicht in meiner Natur. Ich bin stark im Schwachsein,
15 aber das interessiert ihn gerade, während er mir von ihr vorschwärmt, nicht im Geringsten. Nach einer Ewigkeit des Gelähmtseins frage ich mich, woher diese Frau eigentlich ihre Großherzigkeit, ihren Zauber nimmt, ob sie denn überhaupt etwas Menschliches an sich hat, frage ich mich – nicht ihn. Von ihm habe ich ja schon unzählige Versionen darüber gehört, wie übermenschlich er sie findet, geradezu göttlich. Wie er zu seinem
20 nächsten Satz ausholt, packe ich meine Tasche. Ich kann mir das nicht länger anhören. Ich dachte, ich fühle mit ihm, ich dachte, wir teilen etwas miteinander, und dann erzählt er ständig nur von ihr, lässt diese Hymne an diese verdammte Person, mit der ich es ohnehin nicht aufnehmen kann, nie ausklingen. Nie. Ich hasse ihn jetzt, hasse ihn mit meinem Blick, den ich ihm zuwerfe, bevor ich aufstehe und das Café verlasse. Und weiß, er sieht ihr nun nach und versteht sie ganz
25 plötzlich nicht mehr.

: 1 Untersuche in der Kurzgeschichte die Gesprächssituation. Markiere Wesentliches und mache dir im Heft Notizen.
- Wer spricht wo mit wem über welches Thema?
- Wie fühlen sich die beiden Gesprächspartner? Wie endet das Gespräch?
- Aus welcher Perspektive wird erzählt?
- Analysiere, wie das Gespräch wiedergegeben wird.
- Wodurch unterscheidet sich die Wirkung dieser Darstellung von der in direkter Rede?

: 2 Untersuche, wie die Autorin Personalpronomen verwendet, besonders am Anfang von Sätzen. Arbeite am Text mit farbigen Unterstreichungen.

: 3 Markiere, mit welchen Verben und Adjektiven die Gefühle der handelnden Figuren verdeutlicht werden. Untersuche, was Körperhaltung und Bewegung jeweils über das Befinden der Figuren aussagen.

: 4 Verdeutliche dir, welches Selbstbild die Ich-Erzählerin von sich hat und welches Bild der Mann von ihr hat. Erkläre den Hass der Ich-Erzählerin und ihr abruptes Verlassen des Cafés. Gehe dabei auch auf den Titel der Kurzgeschichte ein. Arbeite im Heft.

links:
Annette von Droste-Hülshoff, um 1820

rechts:
Therese von Droste-Hülshoff, Mutter von Annette, um 1830

3 Strophen mit jeweils 4 Versen (Quartette), durchgehender Kreuzreim

Adressat schon im Titel deutlich

Wunsch, der Mutter zu danken

Metrum: Jambus (x, x́)

✶ zu deinem Preise:
um dich zu loben

lyr. Ich findet nicht die treffenden Worte

Zeilenstil → Zeichensetzung am Ende eines jeden Verses

Wortlosigkeit des lyr. Ichs als Zeichen für die Liebe zu der Mutter

grammatikalisch vollständige Sätze; jede Strophe endet mit einem Punkt –
Strophen sind auch inhaltlich in sich geschlossen

Annette von Droste-Hülshoff (1797–1848): An meine Mutter

So gern hätt' ich ein schönes
    Lied gemacht
Von deiner Liebe, deiner
    treuen Weise.
Die Gabe, die für andre immer
    wacht,
Hätt' ich so gern geweckt zu
    deinem Preise.

Doch wie ich auch gesonnen
    mehr und mehr,
Und wie ich auch die Reime
    mochte stellen,
Des Herzens Fluten wallten
    drüber her,
Zerstörten mir des Liedes
    zarte Wellen.

So nimm die einfach schlichte
    Gabe hin,
Von einfach ungeschmücktem
    Wort getragen,
Und meine ganze Seele nimm
    darin;
Wo man am meisten fühlt,
weiß man nicht viel
zu sagen.

Präteritum → Entstehung des Gedichts wird beschrieben

das lyr. Ich spricht direkt zur Mutter
Diphthonge

Wiederholung → bekräftigt den Wunsch, zu danken

Metapher → die Worte reichten für die Gefühle nicht aus

beschreibende Adjektive

Imperativ: Aufforderung des Adressaten

1 Lies das Gedicht mehrmals genau durch. Notiere deine ersten Eindrücke in deinem Heft.

2 Fasse den Inhalt in einem Satz zusammen. Arbeite im Heft.

3 Formuliere kurz die Aussageabsicht (Interpretationshypothese) des Gedichts. Arbeite im Heft.

4 Untersuche, wie bei der Bearbeitung des Gedichts vorgegangen wurde. Deute die Verwendung der verschiedenen Farben. Trage zusammen, unter welchen Aspekten das Gedicht analysiert werden soll, z. B. Sprache, …

5 Setze die Analyse des Gedichts fort.

> Da rückblickend über den Entstehungs-
> prozess des Gedichts erzählt wird, ist
> das verwendete Tempus das Präteritum.

> Annette von Droste-Hülshoff schreibt
> das Gedicht „An meine Mutter", um eben
> dieser zu danken.

> Das Gedicht hat drei Strophen, die wie-
> derum jeweils aus Quartetten bestehen.

> Das lyrische Ich spricht den Adressaten,
> seine Mutter, direkt an.

> In der zweiten Strophe aber wird dem ly-
> rischen Ich klar, dass es keine passenden
> Worte für seine Emotionen finden kann.

> Ich bin der Ansicht, dass in dem Gedicht
> etwas angesprochen wird, was viele
> spätestens, wenn sie erwachsen sind,
> rückblickend für ihre Eltern empfinden.

> Zurzeit streite ich mich mit meinen eigenen
> Eltern zwar häufig, doch trotzdem ist mir
> klar, dass ich ihnen auch viel zu verdanken
> habe, und insofern kann ich das vorliegen-
> de Gedicht gut nachvollziehen.

> Annette von Droste-Hülshoff und ihre
> Mutter hatten ein recht enges Verhältnis.
> Sie war es auch, die die Begabung ihrer
> zweiten Tochter erkannte und förderte.

: 6 Ordne die Ausschnitte aus einer Interpretation den verschiedenen Teilen (Einleitung; Hauptteil; mit Inhalts-angabe, genauer Darlegung und Zusammenfassung; Schluss, siehe Seite 28) zu.

: 7 Fertige auf Grundlage der Aufgaben 1–5 einen Schreibplan an. Verfasse anschließend eine schriftliche Interpretation des Gedichts „An meine Mutter" von Annette von Droste-Hülshoff.

Rose Ausländer (1979)

Ich lausche
dem Monolog des Mondes

Seine gelben Silben
tropfen in meinen Kelch

5 Wir werden
uns finden
wenn wir
Kinder
geblieben sind

: 1 Vergleiche Rose Ausländers Gedicht „Ich lausche …" mit dem Gedicht „Nachts" von Eichendorff auf Seite 34. Erläutere dabei, wie sich die unterschiedliche Entstehungszeit der beiden Gedichte auf deren Gestaltung auswirkt. Arbeite im Heft.

Johann Wolfgang von Goethe: Maifest (1771)

Wie herrlich leuchtet
Mir die Natur!
Wie glänzt die Sonne!
Wie lacht die Flur!

5 Es dringen Blüten
Aus jedem Zweig
Und tausend Stimmen
Aus dem Gesträuch

Und Freud und Wonne
10 Aus jeder Brust.
O Erd', o Sonne,
O Glück, o Lust.

O Lieb', o Liebe,
So golden schön
15 Wie Morgenwolken
Auf jenen Höhn,

Du segnest herrlich
Das frische Feld –
Im Blütendampfe
20 Die volle Welt!

O Mädchen, Mädchen,
Wie lieb' ich dich!
Wie blinkt dein Auge,
Wie liebst du mich!

25 So liebt die Lerche
Gesang und Luft,
Und Morgenblumen
Den Himmelsduft,

Wie ich dich liebe
30 Mit warmem Blut,
Die du mir Jugend
Und Freud' und Mut

Zu neuen Liedern
Und Tänzen gibst.
35 Sei ewig glücklich,
Wie du mich liebst.

:1 Lies das Gedicht und markiere Auffälliges oder Unklares. Notiere deine ersten Eindrücke am Rand.

:2 Fasse kurz den Inhalt des Gedichtes zusammen.

:3 Formuliere eine kurze Interpretationshypothese, in der du das Wesentliche in der Aussage und Wirkung des Gedichtes zusammenfasst.

:4 Informiere dich über den Verfasser und den zeitgeschichtlichen Hintergrund. Deute das Gedicht im Zusammenhang mit seiner Entstehungszeit. Arbeite im Heft.

:5 Erläutere die Form des Gedichtes im Verhältnis zu dessen Aussage. Arbeite im Heft. Du kannst so beginnen:

> In dem Gedicht „Maifest" von Johann Wolfgang von Goethe aus dem Jahre 1771 geht es um das Thema „Natur und Liebe im Frühling". Der Sprecher (das „lyrische Ich") scheint ganz in der Natur und in der Liebe zu einem Mädchen aufzugehen …
>
> Das Gedicht besteht aus neun Strophen mit jeweils vier kurzen Versen, wobei immer zwei Verse als „Halbvers" zu einer Langzeile zusammentreten; denn es reimen sich jeweils nur der zweite und vierte Vers. Außerdem werden Verse und sogar ganze Strophen durch Enjambement verbunden (z. B. I,1–2; II,1–2; II,3–4; …; außerdem: II–III; VIII–IX).
>
> Das Metrum ist zweihebig-jambisch, der Rhythmus wirkt strömend und vorwärts drängend, weil …
> Am Satzbau fällt die große Zahl der Ausrufe auf, die das Gedicht prägen …
>
> Diese Formelemente entsprechen der inneren Situation und Haltung des Sprechers (des „lyrischen Ichs"), der stürmisch und jubelnd die Natur im Mai feiert. Außerdem ist es die Liebe zu einem Mädchen und ebenso das Geliebtwerden, die seine Hochstimmung bewirken …

:6 Fertige auf der Grundlage der Aufgaben 1–5 einen Schreibplan an und verfasse eine schriftliche Interpretation des Gedichtes „Maifest". Arbeite im Heft.

Ulla Hahn: Irrtum (1988)

Und mit der Liebe sprach er ists
wie mit dem Schnee: fällt weich
mitunter und auf alle
aber bleibt nicht liegen.

5 Und sie darauf die Liebe ist
ein Feuer das wärmt im Herd
verzehrt wenns dich ergreift
muss ausgetreten werden.

So sprachen sie und so griff
10 er nach ihr sie schlugs nicht aus
und blieb auch bei ihm liegen.

Er schmolz sie ward verzehrt
sie glaubten bis zuletzt an keine Liebe
die bis zum Tode währt.

---

1 Lies das Gedicht und schreibe spontan eine erste Sinnvermutung auf, indem du den Titel „Irrtum" erklärst. Arbeite im Heft.

2 Informiere dich über die Gedichtform „Sonett".

3 Im Folgenden hat jemand begonnen, seine Interpretation für die erste und dritte Strophe vorzubereiten. Welche Aspekte würdest du noch ergänzen? Ergänze auch die zweite und vierte Strophe in deinem Heft.

Inhalt	Formale Aspekte	Deutung
Strophe 1 Ein Mann spricht zu einer Frau über die Liebe und vergleicht diese mit Schnee.	Lyrisches Ich als Erzähler im Hintergrund 4 Verse (Quartett) Kein Reim Wörtliche Rede Vergleich Wortfeld Schnee: Weichheit – Vergänglichkeit ...	In der Vorstellung des Mannes ist Liebe etwas Vergängliches, das zwar angenehm ist (fällt weich), aber nicht von Dauer (Schnee schmilzt). Hat vielleicht negative Erfahrungen gemacht; Schnee = Kälte ...
Strophe 3 Sie beenden das Gespräch und kommen zusammen.	Lyrisches Ich bleibt distanziert erzählend 3 Verse (Terzett) Metaphern „greifen", „ausschlagen", „liegen bleiben" ...	Die beiden beginnen eine Liebesbeziehung; sie verhalten sich entgegen ihrer theoretischen Vorstellung von Liebe (er ergreift sie, sie schlägt es aber nicht aus, sondern bleibt liegen). ...

4 Füge die Aspekte zu einer schriftlichen Interpretation zusammen. Arbeite im Heft. Verwende folgende Schritte: 1. Einleitung mit Sinnvermutung, 2. Inhaltsangabe, 3. Strophenweises Beschreiben der formalen und sprachlichen Aspekte mit Erklärung und Deutung im Hinblick auf den Inhalt, 4. Zusammenfassende Deutung, 5. Schluss.

5 Überarbeite deine Interpretation nach den Kriterien auf Seite 33.

Gotthold Ephraim Lessing: Emilia Galotti (1772)

Der Prinz von Guastalla stellt Emilia Galotti, der Braut des Grafen Appiani, nach. Am Tag ihrer Hochzeit gelingt es ihm, sich ihr zu nähern. Emilia spricht nach diesem Erlebnis mit ihrer Mutter Claudia.

Zweiter Aufzug
Die Szene, ein Saal in dem Hause der Galotti

Sechster Auftritt
Emilia und Claudia Galotti

EMILIA: *(stürzet in einer ängstlichen Verwirrung herein)* Wohl mir! wohl mir! – Nun bin ich in
   Sicherheit. Oder ist er mir gar gefolgt? *(Indem sie den Schleier zurückwirft und ihre Mutter
   erblicket.)* Ist er, meine Mutter? ist er? – Nein, dem Himmel sei Dank!

CLAUDIA: Was ist dir, meine Tochter? Was ist dir?

5 EMILIA: Nichts, nichts –

CLAUDIA: Und blickest so wild um dich? Und zitterst an jedem Gliede?

EMILIA: Was hab ich hören müssen? Und wo, wo hab ich es hören müssen?

CLAUDIA: Ich habe dich in der Kirche geglaubt –

EMILIA: Eben da! Was ist dem Laster Kirch' und Altar? – Ach, meine Mutter! *(Sich ihr in die Arme*
10   *werfend.)*

CLAUDIA: Rede, meine Tochter! – Mach meiner Furcht ein Ende. – Was kann dir da, an heiliger
   Stätte, so Schlimmes begegnet sein?

EMILIA: Nie hätte meine Andacht inniger, brünstiger sein sollen als heute: Nie ist sie weniger
   gewesen, was sie sein sollte.

15 CLAUDIA: Wir sind Menschen, Emilia. Die Gabe zu beten ist nicht immer in unserer Gewalt.
   Dem Himmel ist beten wollen auch beten.

EMILIA: Und sündigen wollen auch sündigen.

CLAUDIA: Das hat meine Emilia nicht wollen!

EMILIA: Nein, meine Mutter, so tief ließ mich die Gnade nicht sinken. – Aber, dass fremdes
20   Laster uns wider unsern Willen zu Mitschuldigen machen kann!

CLAUDIA: Fasse dich! – Sammle deine Gedanken, soviel dir möglich. – Sag es mir mit eins, was
   dir geschehen.

EMILIA: Eben hatt' ich mich – weiter von dem Altare, als ich sonst pflege – denn ich kam zu
   spät – auf meine Knie gelassen. Eben fing ich an, mein Herz zu erheben: als dicht hinter
25   mir etwas seinen Platz nahm. So dicht hinter mir! – Ich konnte weder vor noch zur Seite
   rücken – so gern ich auch wollte; aus Furcht, dass eines andern Andacht mich in meiner
   stören möchte. – Andacht! das war das Schlimmste, was ich besorgte. – Aber es währte
   nicht lange, so hört' ich, ganz nah an meinem Ohre – nach einem tiefen Seufzer – nicht
   den Namen einer Heiligen – den Namen – zürnen Sie nicht, meine Mutter – den Namen
30   Ihrer Tochter! – Meinen Namen! – Oh, dass laute Donner mich verhindert hätten, mehr
   zu hören! – Es sprach von Schönheit, von Liebe – Es klagte, dass dieser Tag, welcher mein
   Glück mache – wenn er es anders mache – sein Unglück auf immer entscheide. – Es be-
   schwor mich – Hören musst' ich dies alles. Aber ich blickte nicht um; ich wollte tun, als ob
   ich es nicht hörte. – Was konnt' ich sonst? – Meinen guten Engel bitten, mich mit Taubheit
35   zu schlagen und wann auch, wann auch auf immer! – Das bat ich; das war das Einzige, was
   ich beten konnte. – Endlich ward es Zeit, mich wieder zu erheben. Das heilige Amt ging
   zu Ende. Ich zitterte, mich umzukehren. Ich zitterte, ihn zu erblicken, der sich den Frevel
   erlauben dürfen. Und da ich mich umwandte, da ich ihn erblickte –

CLAUDIA: Wen, meine Tochter?

40 EMILIA: Raten Sie, meine Mutter, raten Sie – Ich glaubte in die Erde zu sinken – Ihn selbst.

CLAUDIA: Wen, ihn selbst?

EMILIA: Den Prinzen.

❋ Amt: Messe

CLAUDIA: Den Prinzen? – Oh, gesegnet sei die Ungeduld deines Vaters, der eben hier war und dich nicht erwarten wollte!

45 **EMILIA:** Mein Vater hier? – und wollte mich nicht erwarten?

CLAUDIA: Wenn du in deiner Verwirrung auch ihn das hättest hören lassen!

EMILIA: Nun, meine Mutter? – Was hätt' er an mir Strafbares finden können?

CLAUDIA: Nichts! Ebenso wenig als an mir. Und doch, doch – Ha, du kennest deinen Vater nicht! In seinem Zorne hätt' er den unschuldigen Gegenstand des Verbrechens mit dem
50 Verbrecher verwechselt. In seiner Wut hätt' ich ihm geschienen, das veranlasst zu haben, was ich weder verhindern noch vorhersehen können. – Aber weiter, meine Tochter, weiter! Als du den Prinzen erkanntest – Ich will hoffen, dass du deiner mächtig genug warest, ihm in einem Blicke alle die Verachtung zu bezeigen, die er verdienet.

EMILIA: Das war ich nicht, meine Mutter! Nach dem Blicke, mit dem ich ihn erkannte, hatt' ich
55 nicht das Herz, einen zweiten auf ihn zu richten. Ich floh –

CLAUDIA: Und der Prinz dir nach –

❋ **Halle:** Vorhalle der Kirche

EMILIA: Was ich nicht wusste, bis ich in der Halle mich bei der Hand ergriffen fühlte. Und von ihm! Aus Scham musst' ich standhalten: Mich von ihm loswinden, würde die Vorbeigehenden zu aufmerksam auf uns gemacht haben. Das war die einzige Überlegung, deren ich
60 fähig war – oder deren ich nun mich wieder erinnere. Er sprach, und ich hab ihm geantwortet. Aber, was er sprach, was ich ihm geantwortet – fällt mir es noch bei, so ist es gut, so will ich es Ihnen sagen, meine Mutter. Jetzt weiß ich von dem allen nichts. Meine Sinne hatten mich verlassen. – Umsonst denk ich nach, wie ich von ihm weg und aus der Halle gekommen. Ich finde mich erst auf der Straße wieder und höre ihn hinter mir herkommen und
65 höre ihn mit mir zugleich in das Haus treten, mit mir die Treppe hinaufsteigen – –

CLAUDIA: Die Furcht hat ihren besondern Sinn, meine Tochter! – Ich werde es nie vergessen, mit welcher Gebärde du hereinstürztest. – Nein, so weit durfte er nicht wagen, dir zu folgen. – Gott! Gott! wenn dein Vater das wüsste! – Wie wild er schon war, als er nur hörte, dass der Prinz dich jüngst nicht ohne Missfallen gesehen! – Indes, sei ruhig, meine Tochter!
70 Nimm es für einen Traum, was dir begegnet ist. Auch wird es noch weniger Folgen haben als ein Traum. Du entgehest heute mit eins allen Nachstellungen.

EMILIA: Aber, nicht, meine Mutter? Der Graf muss das wissen. Ihm muss ich es sagen.

CLAUDIA: Um alle Welt nicht! – Wozu? Warum? Willst du für nichts und wieder für nichts ihn unruhig machen? Und wann er es auch itzt nicht würde: wisse, mein Kind, dass ein Gift,
75 welches nicht gleich wirket, darum kein minder gefährliches Gift ist. Was auf den Liebhaber keinen Eindruck macht, kann ihn auf den Gemahl machen. Den Liebhaber könnt' es sogar schmeicheln, einem so wichtigen Mitbewerber den Rang abzulaufen. Aber wenn er ihm den nun einmal abgelaufen hat: ah! mein Kind – so wird aus dem Liebhaber oft ein ganz anderes Geschöpf. Dein gutes Gestirn behüte dich vor dieser Erfahrung!

80 **EMILIA:** Sie wissen, meine Mutter, wie gern ich Ihren bessern Einsichten mich in allem unterwerfe. – Aber wenn er es von einem andern erführe, dass der Prinz mich heute gesprochen? Würde mein Verschweigen nicht, früh oder spät, seine Unruhe vermehren? – Ich dächte doch, ich behielte lieber vor ihm nichts auf dem Herzen.

CLAUDIA: Schwachheit! verliebte Schwachheit! – Nein, durchaus nicht, meine Tochter! Sag ihm
85 nichts. Lass ihn nichts merken!

EMILIA: Nun ja, meine Mutter! Ich habe keinen Willen gegen den Ihrigen. – Aha! *(Mit einem tiefen Atemzuge.)* Auch wird mir wieder ganz leicht. – Was für ein albernes, furchtsames Ding ich bin! – Nicht, meine Mutter? – Ich hätte mich noch wohl anders dabei nehmen können und würde mir ebenso wenig vergeben haben.

90 **CLAUDIA:** Ich wollte dir das nicht sagen, meine Tochter, bevor dir es dein eigner gesunder Verstand sagte. Und ich wusste, er würde dir es sagen, sobald du wieder zu dir selbst gekommen. – Der Prinz ist galant. Du bist die unbedeutende Sprache der Galanterie zu wenig gewohnt. Eine Höflichkeit wird in ihr zur Empfindung, eine Schmeichelei zur Beteurung, ein Einfall

zum Wunsche, ein Wunsch zum Vorsatze. Nichts klingt in dieser Sprache wie alles: Und
alles ist in ihr so viel als nichts.

EMILIA: O meine Mutter! – so müsste ich mir mit meiner Furcht vollends lächerlich vorkommen! – Nun soll er gewiss nichts davon erfahren, mein guter Appiani! Er könnte mich leicht
für mehr eitel als tugendhaft halten. Hui! dass er da selbst kommt. Es ist sein Gang.

: 1 Lies den Szenenausschnitt und kläre, worüber Claudia Galotti und ihre Tochter Emilia sprechen: Was ist
vorgefallen? Welches Problem hat Emilia damit? Wie geht die Mutter mit dem Problem der Tochter um?

: 2 Untersuche, wie der Dialog thematisch gegliedert ist. Grenze die einzelnen Gesprächsphasen voneinander
ab und fertige eine Verlaufsskizze an. Arbeite im Heft.

| 1. Emilia stürzt herein, redet wirr und zusammenhanglos; besorgte Fragen der Mutter | ·····▶ | 2. … | ·····▶ |

: 3 Kläre das Gesprächsverhalten der Figuren in den einzelnen Phasen des Dialogs. Überlege, wie der Verlauf
und das Gesprächsverhalten zusammenhängen. Vervollständige die Tabelle in deinem Heft.

EMILIA	CLAUDIA
1. Emilias Verwirrung	
– Andeutungen: …	– Nachfragen: …
– Selbstanklagen: …	– Aufforderung: „Rede, meine Tochter!"
	– Beschwichtigungen/Beruhigungsversuche: „Wir sind Menschen."

: 4 Stelle fest, wer in den einzelnen Gesprächsphasen den Gesprächsverlauf bestimmt. Achte dabei auf:
• Steuerung des thematischen Verlaufs (Aspekte, Themenwechsel, …)
• Beeinflussung des Gesprächsverhaltens (Redeaufforderung, Beruhigung, …)
• Umgang mit Problemen und Konflikten (Verschärfung, Dämpfung, …)

: 5 Fasse schriftlich zusammen, welche Gesprächsstrategie Claudia verfolgt und welcher Mittel sie sich
bedient. Arbeite im Heft.
• Welche Rolle spielen dabei Emilias Vater und ihr Verlobter?
• Wie gestaltet sie die Beziehung zu ihrer Tochter?

: 6 Schau dir das Gesprächsergebnis an. Formuliere es aus Claudias und aus Emilias Sicht. Überlege, welche
Konflikte sich daraus ergeben könnten. Arbeite im Heft.

: 7 Analysiere und interpretiere den Dialog in einem zusammenhängenden Text in deinem Heft.

Esther Gerritsen: Gras (um 1998)

*Eine Familie im Campingurlaub: Mutter Manon und Vater Hermann, Tochter Liesbeth, die nicht
mehr zu Hause wohnt, sich aber dennoch zum gemeinsamen Urlaub überreden lassen hat, und
Sohn Niek, das Problemkind, das eine Grube gräbt, und niemand weiß, warum.*

5. Bild (Auszug)

LIESBETH: Was machen wir?

MANON: Machen?

LIESBETH: Was machen wir. Heute. Diese Woche.

MANON: Seit wann muss ich dir sagen, was wir machen?

5 LIESBETH: Wir sind doch aus einem bestimmten Grund hier?

MANON: Du wolltest doch nach Frankreich?

LIESBETH: Ich habe gesagt: Lasst uns einfach wieder nach Frankreich fahren, aber du wolltest doch –

MANON: War das mein Vorschlag?

10 LIESBETH: Ja!

MANON: Ich dachte, du hättest dir das ausgedacht.

LIESBETH: Ich? Natürlich nicht.

MANON: Wenn du gegen deinen Willen hier bist, musst du gehen, hörst du.

LIESBETH: Also entschuldige, es ging doch darum, wieder mal etwas gemeinsam zu unternehmen.

15 MANON: Das haben wir doch früher auch nicht gemacht.

LIESBETH: Früher mussten wir aber mit.

„Gras", Theater-
Produktion des
Jungen Ensembles
Stuttgart, 2004

MANON: Ist doch ganz normal, wenn man jung ist, dass man dann mit seinen Eltern in die Ferien fährt.

LIESBETH: Wenn man noch zu Hause wohnt, ja.

20 MANON: Dachte, es wäre nett, wenn es wieder wie früher wäre.

LIESBETH: Wir machen nichts?

MANON: Es geht doch einfach darum, dass wir hier sind.

LIESBETH: Dass wir hier sind?

25 MANON: Dein Bruder fragt doch auch nicht, was wir machen.

LIESBETH: Der weiß es nicht besser.

MANON: Der macht doch auch, was er will.

NIEK: Jesus macht immer, was er will.

LIESBETH: Du willst, dass ich wieder mit euch in die Ferien fahre, 30 um dann zu machen, was ich will?

NIEK: Aber Jesus isst kein Eis.

MANON: Früher hast du doch auch immer gemacht, was du wolltest.

LIESBETH: Wenn ich damals gemacht hätte, was ich wollte, wäre ich nie im Leben mitgefahren.

MANON: Kann es nicht ein einziges Mal einfach nett sein?

35 LIESBETH: Ja, Himmel noch mal.

NIEK: Herr vergib ihnen, denn sie wissen nicht, was sie sagen.

LIESBETH: Kannst du dich verdammt noch mal einmal normal benehmen?

MANON: Liesbeth!

: 1 Analysiere diesen Dialog. Arbeite im Heft. Du kannst dich an folgenden Aspekten orientieren:
- Problem, das im Dialog erörtert wird
- thematische Gliederung des Dialogs
- Interessen und Absichten der Figuren
- Redestrategien der Figuren
- dominante oder unterlegene Dialogpartner (Redeanteile, Lenkung des Gesprächs)
- Eingehen der Gesprächspartner aufeinander, Unausgesprochenes
- Gesprächsergebnis

: 2 Vergleiche das Gesprächsverhalten der Figuren in „Emilia Galotti" und in „Gras" an ausgewählten Stellen.
- Überlege, welche Gesichtspunkte du berücksichtigen musst, um Unterschiede und Gemeinsamkeiten herauszuarbeiten. Recherchiere dazu auch die Entstehungszeit beider Dramen.
- Formuliere deine Ergebnisse in Stichpunkten oder Thesen im Heft.

EMILIA GALOTTI	GRAS
• Beziehung: Vertrauensverhältnis zwischen Mutter und Tochter → Tochter spricht über ihre Bestürzung, …	• Beziehung: Tochter hat sich von der Familie weitgehend gelöst → …

PRODUKTIV VERSTEHENDES SCHREIBEN AUF DER GRUNDLAGE LITERARISCHER TEXTE

Marion Müller: Das Glück

Sie fasst es nicht, kann es nicht begreifen: 60 000 Mark, sechzig große Scheine. Fünf Richtige und Zusatz: sie hat richtig getippt. Fünfzehn Jahre lang jeden Freitag Zahlen angekreuzt. Geburtstage, Hochzeitstage, Sterbetage; fünfzehn Jahre lang geträumt, fünfzehn Jahre gehofft. Sie hält den Brief in gichtigen
5 Händen – ihr Name, der Geldbetrag und „dürfen wir Sie zu Ihrem Gewinn herzlich beglückwünschen!"

Kein Zweifel, sie ist gemeint. Sie hält den Brief ganz fest, spürt Kälte ins Gesicht steigen, legt die Hände vor die Augen, weint. Gestern Rentnerin, gestern arm, gestern gespart, gestern sich nichts geleistet, gestern an vollen Schaufens-
10 tern vorbeigehuscht. Nie hatte sie Geld. Und nun dieser Augenblick.

Sie zieht das Sonntags-Dunkelblaue an, fährt in die Stadt, will das Glück auf die Probe stellen, Freude kaufen, Sehnsüchte bar bezahlen. Brechende Schaufenster, das Fest der Augen, die Flöte des Rattenfängers: kaufen, dazugehören, Geld ausgeben, glücklich sein.
15 Die Verkäuferin warnt, dies sei ein teures Kleid, Material, Verarbeitung. Lächeln, sie möchte anprobieren, sie hat Geld. Bitte, gnädige Frau. Das Wort dröhnt in ihren Ohren: *gnädige Frau!* zum ersten Mal in ihrem Leben.

: 1 Versetze dich in die alte Frau hinein und schreibe ihre Gedanken auf.
- Was geht ihr durch den Kopf, als sie sich in diesem teuren Kleid im Spiegel sieht?
- Wie beurteilt sie das Glück, das sie mit dem Gewinn hatte?

: 2 Notiere, welche Gedanken sich die Verkäuferin machen könnte, als sie die Frau betrachtet.

: 3 Wie könnte diese Geschichte weitergehen? Wie könnte ihr Ende sein? Schreibe den Text weiter, indem du die Erzählperspektive beibehältst. Arbeite im Heft.

: 4 Überarbeite deinen Schluss mithilfe der Kriterien auf den Seiten 37 und 38.

Helga M. Novak: Eis (um 1968)

Ein junger Mann geht durch eine Grünanlage. In einer Hand trägt er ein Eis.
Er lutscht. Das Eis schmilzt. Das Eis rutscht an dem Stil hin und her. Der
junge Mann lutscht heftig, er bleibt vor einer Bank stehen. Auf der Bank sitzt
ein Herr und liest Zeitung. Der junge Mann bleibt vor dem Herrn stehen und
5 lutscht.

Der Herr sieht von seiner Zeitung auf. Das Eis fällt in den Sand.

Der junge Mann sagt, was denken Sie jetzt von mir?

Der Herr erstaunt, ich? Von Ihnen? Gar nichts.

Der junge Mann zeigt auf das Eis und sagt, mir ist doch eben das Eis
10 runtergefallen, haben Sie da nicht gedacht, so ein Trottel?

Der Herr sagt, aber nein. Das habe ich nicht gedacht. Es kann schließlich
jedem einmal das Eis runterfallen.

Der junge Mann sagt, ach so, ich tue Ihnen leid. Sie brauchen mich nicht
zu trösten. Sie denken wohl, ich kann mir kein zweites Eis kaufen. Sie halten
15 mich wohl für einen Habenichts? [...]

: 1 Lies den Text mit dem Stift. Was fällt dir an der Sprache auf? Mache dir Randnotizen.

: 2 Fasse die Handlungsschritte der Geschichte zusammen.

Einleitung (bis Z. 5): _____

_____

Erzählschritt 1 (Z. 6–12): _____

_____

: 3 Skizziere in Stichwörtern, was am Anfang von Erzählschritt 2 geschieht.

_____

_____

: 4 Überlege, wie der Herr wohl reagieren könnte.

: 5 Was kannst du aus dem Anfang der Geschichte über ihr Ende schließen? Formuliere in Stichworten deine Vermutung, wie die Geschichte weitergehen und schließlich enden könnte.

_____

_____

_____

_____

: 6 Erarbeite für das Ende der Geschichte einen Schreibplan und formuliere anschließend das Ende schriftlich aus. Arbeite im Heft.

Bettina Schoeller: Ich bin ein ganz normaler Tag (2004)

(Ein Tag aus meinem Bukarester Tagebuch)

Ich stehe morgens auf und die Hitze liegt in heißen Wolken über meinem Bett wie Rauchsignale von Indianern, die sagen: Ich bin ein neuer Tag, mach dich auf den Kriegspfad. Und es geht auch sofort los. Ich möchte einen Kaffee trinken, aber heute Morgen gibt es kein Wasser. Ich drehe alle Leitungen auf, es kommt nur heiße Luft. Ich weiß nicht recht, wohin mit mir, setze mich aufs
5 Sofa und schaue in den Park da draußen und in den Tag in meinem Kopf hinein. Das Telefon klingelt.

[…]

Heute gehe ich bestimmt nicht mehr auf die Straße. Erstmal in Ruhe einen Kaffee trinken und morgens beim Frühstück gelassen in den Tag und in die Zukunft blicken. Ich bin ein ganz
10 normaler Tag, denke ich, und nichts hat sich erledigt. Ich bin ein ganz normaler Tag, einem Trümmerhaufen ähnlich.

: 1 Was könnte zwischen dem Anfang und Schluss des Textes „Ich bin ein ganz normaler Tag" passieren? Sammle mögliche Handlungsinhalte, die sich schlüssig in die Textvorlage einfügen lassen.

_____

_____

_____

_____

_____

: 2 Entscheide dich für einen Schwerpunkt in der inhaltlichen Gestaltung und überlege, welche Strukturen du für die Gestaltung des mittleren Teils nutzen willst.

_____

_____

_____

: 3 Triff mithilfe der Mindmap auf Seite 79 passende Entscheidungen hinsichtlich der Erzählform/des Erzählverhaltens, der Handlung und deren Struktur, der Darbietungsformen sowie der Zeitgestaltung.

					Ich-Erzähler

direkte Rede

Figuren

Erzählerbericht — Darstellungsformen/ Darbietungsformen

Erzählerbeschreibung

indirekte Rede

…

Ich-Erzähler

Er-/Sie-Erzähler

personales Erzählverhalten — Erzählform und Erzählverhalten

auktoriales Erzählverhalten

…

TEXT

(Leit-)Motive

Haupt- und Nebenhandlung — Handlung und ihre Struktur

Rahmen- und Binnenhandlung

…

Zeitsprung

Rückblende/ Vorausdeutung

zeitneutrales Erzählen — Zeitgestaltung

zeitraffendes Erzählen

zeitdeckendes Erzählen

---

4 Vervollständige die Erzählung, indem du deinen Text für den Mittelteil verfasst. Arbeite im Heft.

Günter Guben: So (um 1970)

Da sitzt man so. Und da redet man. Und da betrachtet man sich. Und da lächelt man. Und da denkt man sich was. Und da redet man wieder was. Und das glaubt man vielleicht gar nicht. Und da sitzt man halt. Da sitzt man also. Betrachtet sich gegenseitig. Lächelt. Nickt sich zu. Sagt etwas. […]

1 Wie könnte die Erzählung weitergehen? Schreibe eine Fortsetzung des Textes. Arbeite im Heft. Berücksichtige wesentliche Vorgaben der Textvorlage im Hinblick auf die inhaltliche, formale und sprachliche Gestaltung.

2 Prüfe und überarbeite dein Schreibprodukt. Achte vor allem darauf, dass es sich inhaltlich, formal und sprachlich an den Ausgangstext anfügt.

Botho Strauß: Rückkehr (2006)

Da gab es den Bäckermeister Alwin, der eines Morgens nicht mehr in seine Backstube kam, seine Frau Myriam verließ und nach Mexiko auswanderte. Dort kaufte er sich in eine Papierfabrik ein und wurde ein erfolgreicher Fabrikant. Schließlich gehörten ihm zwölf Papierfabriken in ganz Lateinamerika. Nach fünfundzwanzig Jahren kehrte er nach Hannover zurück. Dort lebte

5 seine Frau immer noch in der kleinen Wohnung am Rande der Eilenriede. Sie war inzwischen fünfzig Jahre alt und litt eine bittere Armut. Als ihr Mann davon erfuhr, nahm er sich ein Herz und besuchte seine Frau in ihrer beider alten Bleibe. Die Frau saß bei einem Glas Pfirsichlikör an ihrem Tisch, an dem sie immer gesessen hatte, wenn die Küchenarbeit beendet war. Sie blickte auf, als ihr Mann plötzlich wieder neben ihr stand, und sah dann zurück auf die Tischplatte. Sie

10 hörte, welch ein Angebot er ihr machte und welche Unterstützung er ihr versprach. Doch sie schüttelte den Kopf und bat ihn, sie wieder mit ihm allein zu lassen.

Eilenriede: Stadtwald in Hannover

: 1 Entwirf einen Tagebucheintrag, in dem Alwin über die Begegnung mit seiner Frau nachdenkt. Berücksichtige die Informationen des Textes. Arbeite im Heft.

: 2 Der Frau gehen Gedanken über ihren Mann und ihr Leben durch den Kopf. Schreibe diesen inneren Monolog auf. Arbeite im Heft.

Marie Luise Kaschnitz: Ein ruhiges Haus (um 1970)

Ein ruhiges Haus, sagen Sie? Ja, jetzt ist es ein ruhiges Haus. Aber noch vor Kurzem war es die Hölle. Über uns und unter uns Familien mit kleinen Kindern, stellen Sie sich das vor. Das Geheul und Geschrei, die Streitereien, das Trampeln und Scharren der kleinen zornigen Füße. Zuerst haben wir nur den Besenstiel gegen den Fußboden und gegen die Decke gestoßen. Als

5 das nichts half, hat mein Mann telefoniert. Ja, entschuldigen Sie, haben die Eltern gesagt, die Kleine zahnt, oder die Zwillinge lernen gerade laufen. Natürlich haben wir uns mit solchen Ausreden nicht zufriedengegeben. Mein Mann hat sich beim Hauswirt beschwert, jede Woche einmal, dann war das Maß voll. Der Hauswirt hat den Leuten oben und den Leuten unten Briefe geschrieben und ihnen mit der fristlosen Kündigung gedroht. Danach ist es gleich besser ge-

10 worden. Die Wohnungen hier sind nicht allzu teuer und diese jungen Ehepaare haben nicht das Geld umzuziehen. Wie sie die Kinder zum Schweigen gebracht haben? Ja, genau weiß ich das nicht. Ich glaube, sie binden sie jetzt an den Bettpfosten fest, so dass sie nur kriechen können. Das macht weniger Lärm. Wahrscheinlich bekommen sie starke Beruhigungsmittel. Sie schreien und juchzen nicht mehr, sondern plappern nur noch vor sich hin, ganz leise, wie im Schlaf.

15 Jetzt grüßen wir die Eltern wieder, wenn wir ihnen auf der Treppe begegnen. Wie geht es den Kindern, fragen wir sogar. Gut, sagen die Eltern. Warum sie dabei Tränen in den Augen haben, weiß ich nicht.

: 1 Der Mann der Erzählerin ruft wöchentlich beim Hauswirt an, um sich über den Krach zu beschweren. Verfasse so ein Telefongespräch und beziehe dabei die Informationen aus dem Text ein. Arbeite im Heft.

: 2 Versetze dich in den Hauswirt und schreibe einen Brief an eine Familie mit kleinen Kindern aus dem Haus. Achte auch auf die formale Gestaltung. Arbeite im Heft.

: 3 Stell dir vor, ein Fernsehsender interessiert sich für die Ereignisse in diesem Haus. Ein Reporter kommt und befragt das Ehepaar, das sich beschwert hat, den Hauswirt und die Familien mit den kleinen Kindern. Verfasse die drei verschiedenen Interviews. Arbeite im Heft.

: 4 Gestalte den Text um, indem du ihn aus der Perspektive einer jungen Familie aus dem Haus schreibst. Arbeite im Heft.

Annette von Droste-Hülshoff: Am Turme (1842)

Ich steh auf hohem Balkone am Turm,
Umstrichen vom schreienden Stare,
Und lass gleich einer Mänade den Sturm
Mir wühlen im flatternden Haare;
5 O wilder Geselle, o toller Fant,
Ich möchte dich kräftig umschlingen,
Und, Sehne an Sehne, zwei Schritte vom Rand
Auf Tod und Leben dann ringen.

Und drunten seh ich am Strand, so frisch
10 Wie spielende Doggen, die Wellen
Sich tummeln rings mit Geklaff und Gezisch
Und glänzende Flocken schnellen.
O, springen möcht ich hinein alsbald,
Recht in die tobende Meute,
15 Und jagen durch den korallenen Wald
Das Walross, die lustige Beute!

Und drüben seh ich ein Wimpel wehn
So keck wie eine Standarte,
Seh auf und nieder den Kiel sich drehn
20 Von meiner luftigen Warte;
O, sitzen möcht ich im kämpfenden Schiff,
Das Steuerruder ergreifen,
Und zischend über das brandende Riff
Wie eine Seemöwe streifen.

25 Wär ich ein Jäger auf freier Flur,
Ein Stück nur von einem Soldaten,
Wär ich ein Mann doch mindestens nur,
So würde der Himmel mir raten;
Nun muss ich sitzen so fein und klar,
30 Gleich einem artigen Kinde,
Und darf nur heimlich lösen mein Haar,
Und lassen es flattern im Winde!

! : 1 Formuliere in ein bis drei Sätzen, worum es in diesem Gedicht geht und wie die Sprecherin (das „lyrische Ich") hier „Natur erfährt". Beachte dabei, dass es sich offensichtlich um ein weibliches „lyrisches Ich" handelt.

! : 2 Verfasse selbst ein Gedicht zum Thema „Meine wilden Wünsche" oder „Auf dem …". Arbeite im Heft.
- Erläutere und begründe anschließend deine Gestaltungsentscheidungen, indem du sie mit dem Gedicht von Droste-Hülshoff vergleichst. Berücksichtige dabei die Form, die Sprache und die inhaltliche Aussage.
- Du kannst dich von der Schülerlösung anregen lassen.

Meine wilden Wünsche
Ich stehe hoch oben
auf dem Zehnmeterbrett
Spring
sage ich mir
Du traust dich nicht
sagen die Jungen
denn
du bist ein Mädchen
…

Ich habe nicht wie Droste-Hülshoff eine „geschlossene", sondern eine „offene" Gedichtform ohne gleichmäßig lange Verse, festes Metrum und Reim gewählt, denn ich finde, dass diese nüchterne, der Alltagssprache angenäherte Art der Darstellung besser zu meiner Situation und Aussageabsicht passt […] Inhaltlich habe ich […]

Thomas Bernhard: Der junge Mann (1969)

Achtung: alte
Rechtschreibung

Der junge Mann versucht, einem alten Mann zu beweisen, daß er, *der junge Mann*, allein ist. Er sagt ihm, er sei in die Stadt gekommen, um Menschen kennenzulernen, aber es sei ihm bis jetzt noch nicht gelungen, auch nur einen Menschen zu finden. Er habe verschiedene Mittel angewendet, um das Vertrauen der Menschen zu gewinnen. Aber er habe sie abgestoßen. Sie ließen
5 ihn zwar ausreden und hörten ihm auch zu, aber sie wollten ihn nicht *verstehen*. Er habe ihnen Geschenke mitgebracht; denn mit Geschenken könne man Menschen zur Freundschaft und zur Anhänglichkeit verführen. Aber sie nähmen die Geschenke nicht an und setzten ihn vor die Tür. Er habe tagelang darüber nachgedacht, warum sie ihn nicht haben wollten. Aber er sei nicht darauf gekommen. Er habe sich sogar *verwandelt*, um Menschen zu gewinnen; er sei bald der und
10 bald jener gewesen, und es sei ihm gelungen, sich zu verstellen, aber auch auf diese Weise habe er nicht einen Menschen gewonnen. Er redet auf den alten Mann, der neben seiner Haustüre sitzt, mit einer solchen Gewalttätigkeit ein, daß er sich plötzlich schämt. Er tritt einen Schritt zurück und stellt fest, daß in dem alten Mann nichts vorgeht. In dem alten Mann ist nichts, das er wahrnehmen könnte. Jetzt läuft der junge Mann in sein Zimmer und deckt sich zu.

1 Einige Zeit später treffen sich der junge und alte Mann zufällig wieder. Beide haben über ihre Begegnung nachgedacht. Der junge Mann beginnt ein Gespräch. Versetze dich in die Rolle der beiden hinein und schreibe das Gespräch auf. Arbeite im Heft.

2 In seinem Zimmer denkt der junge Mann über seine Situation und seine Begegnung mit dem alten Mann nach. Er versucht sich darüber klar zu werden, weshalb es ihm nicht gelingt, Menschen kennen zu lernen.
• Verfasse einen inneren Monolog. Arbeite im Heft.
• Schreibe einen Tagebucheintrag. Arbeite im Heft.

3 Schreibe einen Brief an einen Freund, in dem der junge Mann über seine Begegnung mit dem alten Mann berichtet. Arbeite im Heft.

Gar nicht mehr aufstehen! Ewig unter der Decke liegen, das wär's! Nicht mehr rausmüssen. Nichts mehr versuchen müssen! Was mache ich bloß falsch? Irgendwas muss es ja sein, dass es mir nicht gelingt, Freunde oder wenigstens Bekannte zu finden. Dabei wünsche ich mir nichts sehnlicher als einen Freundeskreis, mein Alleinsein macht mich noch ganz krank, ich spüre das, und ich weiß auch: Sich unter der
5 Bettdecke zu verkriechen ist keine Lösung! Lasse ich es an ernst gemeinten Versuchen fehlen, an Bemühungen? — Nein, das kann ich mir nicht vorwerfen. Wirklich nicht! […] Vielleicht ist auch die Geschenkemacherei verkehrt! Ich stelle es mir mal umgekehrt vor — die Leute würden mir Geschenke machen. Das würde mich doch auch unter Druck setzen, man muss dann immer so dankbar sein! Und dass ich anderen immer Recht gebe, vielleicht wirkt das auf die Dauer langweilig. Das geht mir wie anderen doch genauso,
10 manchmal fetzt es mehr mit Widerspruch. Ich muss mir abgewöhnen, ein Kopfnicker zu sein. Wer soll mich sonst noch ernst nehmen? Also gut, mein Lieber, die Sache scheint klar: Du kannst jetzt weiter unter der Bettdecke bleiben oder versuchen, deinen verdammten Arsch hochzukriegen. Es liegt an dir!

4 Überlege, zu welcher Aufgabe dieser Schülertext verfasst wurde. Kläre, um welche Textsorte es sich handelt, und begründe deine Entscheidung anhand von Textmerkmalen.

5 Ergänze den fehlenden Teil des Textes. Überlege, welche Gedanken, Überlegungen, Gefühle, …
du hier ausdrücken kannst. Arbeite im Heft.

6 Beurteile den Ausschnitt aus dem Schülertext. Betrachte
- das Verständnis des literarischen Textes,
- die Stimmigkeit der Figurenzeichnung im Vergleich mit dem Ausgangstext (Eigenschaften, Denk- und Ausdruckweise, …),
- den Aufbau der Reflexion (erkennbare thematische Linie, Entwicklung, Kreisbewegung, …),
- die Mittel der sprachlichen Gestaltung (bildlicher oder abstrakter Ausdruck, Zusammenhang oder Brüche auf der Satzebene, …).

_____

_____

_____

> (Es klingelt.) „Ja?"
>
> (Der alte Mann von vorhin kommt herein.) „Darf ich reinkommen?"
>
> „Von mir aus." – „Wenn ich störe, geh ich wieder."
>
> „Nein, mein Auftritt von vorhin war sowieso nicht der beste, tut mir leid."
>
> 5 „Schon vergessen. Aber Sie sollten an sich arbeiten, nicht so heftig werden. Andere haben nämlich auch Probleme. Ich z. B. habe nur eine kleine Rente und das Leben wird immer teurer. Ich hätte auch Grund, mich zu beklagen."
>
> „Ja, Gott, die Rente. Im Alter braucht man wohl auch weniger. Mein Problem ist größer, ich habe keine Freunde."
>
> 10 „Ihre Antwort zeigt mir, dass Sie nur an sich denken, so findet man keine Freunde."
>
> „Stimmt gar nicht. Ich mache gerne Geschenke."
>
> „Geld, Geld, wenn das alles ist!"
>
> „Sie haben doch gerade übers Geld geredet!"
>
> „Also, ich sehe schon. Sie sind ein schwieriger Fall, immer recht haben, immer das letzte Wort. Am
> 15 besten, Sie bleiben unter der Decke liegen."
>
> „Also, das muss ich sagen, als Sie zur Tür hereinkamen, habe ich mir mehr von Ihnen erwartet, gute Ratschläge, weil Sie älter sind. Aber Sie denken auch nur an sich!" (Der alte Mann geht und schüttelt den Kopf.) „Der gehört auch zu meinen Enttäuschungen."
>
> (Der junge Mann zieht seine Decke über den Kopf und dreht sich um.)

7 Vergleiche die Gestaltung der Figur des jungen Mannes in diesem Dialog mit der im vorhergehenden Schülertext (Seite 82): Welche entspricht eher dem Text von Thomas Bernhard?

_____

_____

_____

 8 Formuliere den Dialog in einen inneren Monolog um. Mache dir vorher Gemeinsamkeiten und Unterschiede von Dialog und innerem Monolog klar. Arbeite im Heft.

1   Handwerkszeug zum Erschließen epischer (erzählender) Texte

ERZÄHLERFIGUR – ERZÄHLFORM – ERZÄHLPERSPEKTIVE – ERZÄHLVERHALTEN

Er-/Sie-Erzähler (Er-/Sie-Form)	die Erzählerfigur, die in der Er- oder Sie-Form erzählt	
Ich-Erzähler (Ich-Form)	die Erzählerfigur, die in der Ich-Form erzählt	
Erzählperspektive	Blickwinkel und Standpunkt, von dem aus der Erzähler die Geschichte erzählt; kann begrenzt oder uneingeschränkt sein	
Erzählverhalten	das der Erzählperspektive entsprechende Verhalten der Erzählerfigur beim Erzählen, z. B. auktorialer Ich-Erzähler	
auktorialer Er-/Sie-Erzähler	steht außerhalb und über dem erzählten Geschehen; kennt sich aus mit Schauplatz und Zeit sowie mit den Figuren, deren „innere Situation" er beschreiben kann; kann sich dem Leser/der Leserin durch Kommentare bemerkbar machen	*Es ist schwer, jene Zeit unparteiisch ins Auge zu fassen; sie ist seit ihrem Verschwinden entweder hochmütig getadelt oder albern gelobt worden …* (Droste-Hülshoff: „Die Judenbuche")
personaler Er-/Sie-Erzähler	übernimmt die Perspektive einer Figur der Geschichte, der sog. „Perspektivefigur", und erzählt aus deren Sicht; kann auch aus der Sicht mehrerer Figuren erzählen; die Perspektive dieses Erzählers ist begrenzt	*Das Kind drehte sich vor dem langen Badezimmerspiegel, betrachtete seinen nackten Körper, hob die stängeldünnen Ärmchen – alles grün, unten, oben, innen auch?* (Wohmann: „Grün ist schöner")
personaler Ich-Erzähler	steht innerhalb des Geschehens und erzählt aus der dargestellten Situation heraus; ist zugleich erlebende und erzählende Figur und erzählt aus einer begrenzten, eingeschränkten Perspektive	*Das Rad an meines Vaters Mühle brauste und rauschte schon wieder recht lustig … ich saß auf der Türschwelle und wischte mir den Schlaf aus den Augen; mir war so recht wohl in dem warmen Sonnenscheine …* (Eichendorff: „Taugenichts")
auktorialer Ich-Erzähler	nimmt einen Standpunkt außerhalb des Geschehens ein; zwischen dem erzählenden und dem erlebenden Ich ist ein deutlicher Abstand, z. B. wenn der Ich-Erzähler sich an ein vergangenes Geschehen erinnert und dieses kommentiert	*Hätte ich damals schon gewusst, was ich heute weiß, dann hätte ich …* (aus einem Kriminalroman)

DARSTELLUNGSFORMEN/DARBIETUNGSFORMEN DES ERZÄHLENS

Erzählerbericht	straffe, geraffte Darstellung der Handlung in zeitlicher Abfolge	*Friedrich war zwölf Jahre alt, als seine Mutter einen Besuch von ihrem jüngeren Bruder erhielt, der in Brede wohnte …* (Droste-Hülshoff: „Die Judenbuche")

Beschreibung	anschauliche, genaue Darstellung, z. B. von Schauplätzen, Figuren, Gegenständen in Orts-, Bild- oder Personenbeschreibungen	*Hinter mir gingen nun Dorf, Gärten und Kirchtürme unter, vor mir tauchten neue Dörfer, Schlösser und Berge auf, unter mir Saaten, Büsche und Wiesen bunt vorüber-fliegend …* (Eichendorff: „Taugenichts")
szenische Darstellung	breite Erzählweise mit anschaulicher Entfaltung der Situation und Figurenrede (vgl. Szene im Drama)	*Als ich nun aufhörte zu singen, ließ die ältere (der beiden Damen) stillhalten und redete mich holdselig an: „Ei, lustiger Gesell, er weiß ja recht hübsche Lieder zu singen." Ich nicht zu faul dagegen: „Euer Gnaden aufzuwarten …"* (Eichendorff: „Taugenichts")
Kommentar	Eingreifen des Erzählers mit Bemerkungen, Urteilen oder Überlegungen	*Wir glauben den Grund eben in dieser … selbstbewussten Vollkommenheit (Margaret Semmlers) zu finden.* (Droste-Hülshoff: „Die Judenbuche")
Figurenrede	Sprechmöglichkeiten der erzählten Figuren im Gegensatz zur Erzählerrede	
direkte Rede	wörtliche Rede	
indirekte Rede	Wiedergabe der Figurenrede in der 3. Person, meist im Konjunktiv I, mit einem Ausdruck wie z. B. „er sagte"	Umformung der direkten Rede in indirekte Rede: *Der Vater sagte zu mir, ich sei ein Taugenichts …*
erlebte Rede	Wiedergabe von Gedanken und Gefühlen einer Figur in der 3. Person (ohne direkte oder indirekte Rede und ohne „sagte")	*Sie saß am Tisch und überlegte. Was sollte sie nun tun? Sollte sie wieder zu ihm zurückgehen …?* (aus einem Liebes-roman)
innerer Monolog	Wiedergabe von Gedanken und Gefühlen einer Figur in der 1. Person; stummes Selbst-gespräch	Umformung der erlebten Rede in inneren Monolog: *Was soll ich nun tun? Soll ich wieder zu ihm zurückgehen …?*

MÖGLICHKEITEN DER ZEITGESTALTUNG

Erzählzeit	die Zeit, die man zum Erzählen oder Lesen eines epischen Textes braucht	etwa 3 bis 5 Minuten pro Seite
erzählte Zeit	der Zeitumfang einer erzählten Handlung	ein Tag, mehrere Wochen, viele Jahre, …
Zeitsprung	Springen in der zeitlichen Abfolge	*Etwa ein halbes Jahr nachher las der Guts-herr ein paar eben erhaltene Briefe …* (Droste-Hülshoff: „Die Judenbuche")
Vorausdeutung	vorwegnehmender Hinweis auf spätere Ereignisse	*Deswegen sollten später viele edle Ritter ihr Leben verlieren …* („Nibelungenlied")
Rückblende	rückblickender Hinweis auf vergangene Ereignisse	*Der Alte sah mich mit verständnisvollem Lächeln an: „Nun also!", sagte er. „In der Mitte des vorigen Jahrhunderts … gab es hier einen Deichgrafen …"* (Storm: „Der Schimmelreiter")

zeitdeckendes Erzählen	Erzählzeit = erzählte Zeit	*Entschuldige, kann es sein, dass du deine Schuhe immer von der Küche in den Flur wirfst? Ja. Wie ...? Nun, man hört das unten ...*
zeitraffendes Erzählen	Erzählzeit < erzählte Zeit	*Zwei, drei, vier Minuten Stille.*
zeitdehnendes Erzählen	Erzählzeit > erzählte Zeit	*..., was die Ursache der Geräusche war, immer zwei, kurz nacheinander, manchmal dumpf, manchmal polternd, aber immer zwei und immer kurz nachdem sie nach Hause gekommen war, egal um welche Zeit.*

EPISCHE FORMEN/ERZÄHLFORMEN

Anekdote	kurze, auf eine Pointe zulaufende Geschichte zur Charakterisierung einer Person oder eines besonderen Ereignisses	Kleist: „Anekdote aus dem letzten preußischen Kriege"
Epos	frühe erzählende Großform, in Versen abgefasst	Homer: „Ilias", „Odyssee" „Nibelungenlied"
Erzählung	erzählender Text von mittlerer Länge, kürzer als ein Roman, im Vergleich zur Novelle weniger straff komponiert, ohne die Offenheit einer Kurzgeschichte	Kleist: „Michael Kohlhaas" Kafka: „Das Urteil", „Die Verwandlung"
Fabel	epische Kleinform; lehrhafte Beispielerzählung, in der meist Tiere mit typischen menschlichen Eigenschaften und Verhaltensweisen auftreten und sich als Spieler und Gegenspieler gegenüberstehen; am Schluss pointierte Moral/Lehre	Äsop: „Der Löwenanteil" Phädrus: „Wolf und Lamm" Lessing: „Der Wolf und das Schaf" Arntzen: „Wolf und Lamm"
Gleichnis	kurze Geschichte, bei der dem Leser/der Leserin ein gemeinter abstrakter Sachverhalt (Sachteil, Bedeutungsteil) durch einen anschaulichen Vorgang (Bildteil, Bildebene) vermittelt wird; der Leser/die Leserin soll den Bildteil (die Geschichte) auf den Sachteil (das Gemeinte) übertragen; der Bezugspunkt wird ausdrücklich genannt	das Gleichnis „Vom Senfkorn und Sauerteig" (Matthäus 13, 31–33): *Das Himmelreich ist gleich einem Senfkorn, das ...*
Kalendergeschichte	kurze Erzählform über eine merkwürdige Begebenheit zur Unterhaltung und Belehrung; abgedruckt in „Kalendern", die in früheren Zeiten außer der Bibel oft einziges Druckwerk in Familien waren	Hebel: „Unverhofftes Wiedersehen" Brecht: „Kalendergeschichten"
Karikatur	ironisch-witzige bis bösartige Bloßstellung von Personen, Handlungsweisen oder Situationen in Zeichnungen und Texten durch eine verzerrend-übertreibende Darstellung	„Die harte Arbeit der großen Koalition"
Kurzgeschichte	von amerik. „short story"; kurze Erzählung von nur einer oder wenigen Seiten Länge, mit Konzentration auf einen Geschehensausschnitt, mit unvermitteltem Anfang und offenem Schluss, meist in Alltagssprache geschrieben, offen in der Deutung	Borchert: „Vielleicht hat sie ein rosa Hemd"

Legende	in der christlichen Tradition eine Geschichte vom Leben eines Heiligen und dessen vorbildlicher Lebensführung mit Betonung des Wunderbaren	„Die Legende vom Heiligen St. Nikolaus"
Märchen	erfundene fantastisch-wunderbare Geschichte, die mündlich überliefert und erst spät schriftlich aufgezeichnet wurde (Brüder Grimm); Merkmale sind die Unbestimmtheit von Raum und Zeit, das Auftreten von Fantasiewesen wie Hexen, Zwerge, Riesen, Zauberer, Feen sowie das Vorkommen wunderbarer Ereignisse; im Mittelpunkt steht meistens ein Held, der (oft drei) Aufgaben lösen muss, bis er am Ende belohnt wird	Brüder Grimm: „Hausmärchen" („Sterntaler", „Jorinde und Joringel")
Novelle	Erzählform von ca. 60 bis 100 Seiten um ein zentrales Ereignis, z. B. einen Konflikt, mit straffer Komposition und Handlungsführung; dabei Rahmen- und Binnenhandlung möglich	Keller: „Romeo und Julia auf dem Dorfe"
Parabel	kurze Geschichte ähnlich dem Gleichnis, aber ohne ausdrückliche Benennung des Bezugspunktes; der Leser/die Leserin muss selbst erschließen, worauf sich die Geschichte bezieht	Parabel „Vom verlorenen Sohn" (Lukas 15, 11–32) Thurber: „Die Kaninchen, die an allem schuld waren"
Parodie	Nachahmung einer bekannten Textvorlage durch Verzerrung und Übertreibung; in allen Gattungen möglich	*Wer reitet so spät durch Nacht und Wind?/ Es ist der Vater mit seinem Kind,/ der Vater Joe mit dem Sohne Dick/ auf einer Honda, sechshundert Kubik …*
Roman	Erzählform von meist mehreren hundert Seiten mit breiter Handlung und vielen Figuren und deren Lebenszusammenhängen, oft mit Haupt- und Nebenhandlung	Andersch: „Sansibar oder der letzte Grund"
Sage	eine auf mündlicher Überlieferung beruhende kurze Erzählung fantastischer Ereignisse; im Gegensatz zum Märchen meist an einen bestimmten Ort (Ortssage) gebunden und auch zeitlich festgelegt	Schwab: „Die schönsten Sagen des klassischen Altertums" Brüder Grimm: „Deutsche Heldensagen"
Satire	Darstellungsform, die durch Übertreibung, Ironie und Spott Kritik an menschlichen Schwächen oder gesellschaftlichen Missständen übt; oft epische Kurzform, aber in allen Gattungen möglich	Dürrenmatt: „Der Besuch der alten Dame"
Schwank	volkstümliche, oft mundartliche derb-komische Geschichte von Streichen und Schelmenstücken eines Helden, oft gegen die Obrigkeit gerichtet; aus der Perspektive von unten erzählt; auch als Theaterstück möglich	Bothe: „Till Eulenspiegel" Volksbuch: „Die Schildbürger" Zuckmayer: „Der fröhliche Weinberg"
Witz	epische Kurzform, die mit sparsamen sprachlichen Mitteln auf eine Pointe zusteuert, welche Gelächter hervorruft	*Im Käseladen. Verkäufer: „Klein-Erna, bist du das?" Klein-Erna: „Nee du, das bin nicht ich, das ist der Käse!"*

2 Handwerkszeug zum Erschließen lyrischer Texte (Gedichte)

DER SPRECHER IM GEDICHT

der Sprecher im Gedicht	eine vom Autor/von der Autorin gewählte bzw. erschaffene Perspektivefigur, aus deren Sicht die Dinge dem Leser/der Leserin vermittelt werden	
lyrisches Ich	der Sprecher kann sich äußern als: • „Ich" = sog. „lyrisches Ich"	*Und frische Nahrung, neues Blut/ Saug ich aus freier Welt …* (Goethe: „Auf dem See")
Rollen-Ich/ Rollenfigur	• als Rollenfigur (z.B. die Figur des liebenden Mädchens)	*Seit ich ihn gesehen,/ glaub ich blind zu sein …* (Chamisso: „Seit ich ihn gesehen")
	Der Sprecher kann auch ganz zurücktreten, z.B. in einem rein beschreibenden Gedicht ohne „lyrisches Ich".	*Tiefe Stille herrscht im Wasser,/ Ohne Regung ruht das Meer,/ Und bekümmert sieht der Schiffer/ Platte Fläche rings umher.* (Goethe: „Meeresstille")

DIE FORM DES GEDICHTS

Vers	einzelne Gedichtzeile	
Enjambement	auch: Zeilensprung; Satz überspringt das Versende	*Wie soll ich meine Seele halten, dass/ Sie nicht an deine rührt? Wie soll ich sie …* (Rilke: „Liebeslied")
Strophe	Abschnitt eines Gedichts, aus mehreren Zeilen/Versen bestehend	
Reim	Gleichklang zweier Wörter vom letzten betonten Vokal an; Arten von Reimen:	
Paarreim	aa bb cc …	*Über die Erde hallet mein Schritt;/ Dumpf aus der Erde wandert es mit.* (Storm: „Über die Heide")
Kreuzreim	abab cdcd …	*Das Wetter ist recht gut geraten. Der Kirchturm träumt vom lieben Gott. Die Stadt riecht ganz und gar nach Braten Und auch ein bisschen nach Kompott.* (Kästner: „Kleine Stadt am Sonntagmorgen")
umschließender/ umarmender Reim	abba cddc …	*Der Acker leuchtet weiß und kalt. Der Himmel ist einsam und ungeheuer. Dohlen kreisen über dem Weiher Und Jäger steigen nieder vom Wald.* (Trakl: „Im Winter")
Binnenreim	Reim innerhalb eines Verses	*… dass keine Hand die andre fand.* (Hofmannsthal: „Die Beiden")
Stabreim	mehrere Wörter beginnen mit dem gleichen Buchstaben	*Es treibt der Wind im Winterwalde …* (Rilke: „Advent")

Metrum	Versmaß oder Takt/Taktschema im Gedicht; oft regelmäßige Abfolge betonter und unbetonter Silben (Jambus, Trochäus, Daktylus, Anapäst)	*Wir träumten voneinander/* *Und sind davon erwacht ...* (Hebbel: „Ich und Du")
Versfuß	kleinste metrische Einheit, die sich in einem Vers mehrfach wiederholt, z.B. Jambus	
Jambus	xx́	*Es schlug mein Herz, geschwind zu Pferde! ...* (Goethe: „Willkommen und Abschied")
Trochäus	x́x	*Herz, mein Herz, was soll das geben? ...* (Goethe: „Neue Liebe ...")
Daktylus	x́xx	*Singe mir, Muse, die Taten des viel gewan-derten Mannes ...* (Homer: „Odyssee")
Anapäst	xxx́	*Wenn ich komm, wenn ich komm ...* (Volkslied)
Kadenz	Versende:	
weiblich/klingend	mit einer unbetonten Silbe	*Wir träumten voneinander*
männlich/voll	mit einer betonten Silbe	*Und sind davon erwacht.* (Hebbel: „Ich und Du")
Blankvers	Vers aus fünf Jamben, ohne Reim	*Es eifre jeder seiner unbestochnen/* *Von Vorurteilen freien Liebe nach.* (Lessing: „Nathan der Weise")
Alexandriner	Vers aus sechs Jamben und einer Zäsur (Ein-schnitt) nach der dritten Betonung	*Du siehst, wohin du siehst/* *nur Eitelkeit auf Erden.* (Gryphius: „Es ist alles eitel")
Rhythmus	natürliche, individuelle Sinnbetonung im Gedicht, zum Beispiel:	
metrischer Rhythmus	folgt streng dem Metrum	*In einem kühlen Grunde/* *Da geht ein Mühlenrad ...* (Eichendorff: „Das zerbrochne Ringlein")
vom Metrum abwei-chender Rhythmus	Rhythmus weicht an einzelnen Stellen zur Hervorhebung sinnbetonter Wörter vom Metrum ab	*Und meine Séele spánnte/* *Wéit ihre Flügel aus ...* (Eichendorff: „Mondnacht")
Rhythmusarten	regelmäßig – unregelmäßig steigend (z.B. Jambus) – fallend (z.B. Trochäus) ruhig – unruhig fließend – gestaut	

DER KLANG IM GEDICHT

Klang	Gestaltungs- und Wirkungsmöglichkeit von Gedichten, z.B. durch Reim, Assonanz, Alliteration, Lautmalerei, ...	
Assonanz	Wiederholung auffälliger Vokale	*Es sang vor langen Jahren/* *Wohl auch die Nachtigall ...* (Brentano: „Der Spinnerin Lied")
Alliteration	Wiederholung auffälliger Konsonanten, meist am Anfang betonter Wörter (Stabreim)	*Der Wald steht schwarz und schweiget ...* (Claudius: „Abendlied")

klangstarke Wörter	Wörter mit besonderer Klangwirkung	*Der __Mond__ ist aufgegangen …* (Claudius: „Abendlied")
Lautmalerei	Klangnachahmung	*miau* (Katze); *summ, summ* (Biene)

DIE SPRACHE IM GEDICHT

Syntax	Satzbau; auffällige Mittel sind z. B. Parataxe, Hypotaxe, Inversion, Ellipse	
Parataxe	Beiordnung; Aneinanderreihung einfacher (Haupt-)Sätze	*Es ist schon spät, es wird schon kalt,/ Was reit'st du einsam durch den Wald?/ Der Wald ist lang, du bist allein …* (Eichendorff: „Waldgespräch")
Hypotaxe	Satzgefüge; Unterordnung von Gliedsätzen unter einen Hauptsatz; in Gedichten eher selten	*Am Abend, wenn die Glocken Frieden läuten,/Folg ich …* (Trakl: „Verfall")
Inversion	Veränderung der üblichen Wortstellung; häufig in Gedichten	*Wie im Morgenrot/Du rings mich anglühst,/Frühling, Geliebter …* (Goethe: „Ganymed")
Ellipse	„Auslassung"; unvollständiger Satz	*Von der Menschheit ein Stück! Vorbei, verweht, nie wieder …* (Tucholsky: „Augen in der Großstadt")
Parallelismus	parallele Anordnung von Wendungen oder Sätzen	*Das Wasser rauscht', das Wasser schwoll …* (Schiller: „Der Fischer")
Wortwahl	auffällige Wortwahl im Gedicht, z. B. auffällige „poetische" Wörter; Wörter aus einem bestimmten Bedeutungsbereich; Wörter einer bestimmten Sprachebene; Vorherrschen bestimmter Wörter	*Mondnacht, Liebesleid* aus: Natur, Liebe, Alltag, Technik, Politik … gehobene Sprache, Umgangssprache, Jugendsprache, Slang, … z. B. Substantive: Nominalstil; Verben: Verbalstil; Adjektive: anschaulich-beschreibender Stil

BILDLICHKEIT IM GEDICHT

Bild	allgemeine Bezeichnung für verschiedene Formen sprachlicher Zeichen zur Steigerung der Anschaulichkeit, z. B. Vergleich, Metapher	
Vergleich	ausdrückliche Verknüpfung zweier Bedeutungsbereiche durch „wie", „als", „so – wie" mit Betonung des Gemeinsamen	*Eine schräge Strahlengarbe/ Schoss vom Himmel wie ein Pfeil …* (Rose Ausländer: „Herbstlicher Ausschnitt")
Metapher	eine Art verkürzter Vergleich ohne „wie", bei dem eine Vorstellung in einen anderen Bedeutungsbereich „übertragen" wird; viele Alltagsmetaphern werden kaum noch als solche wahrgenommen	*Er war ein Löwe in der Schlacht; Flug der Gedanken, Arm des Flusses* Kamel = *Wüstenschiff Glühbirne, Stuhlbein, Motorhaube, Datenbank*
Personifikation	Vermenschlichung von Naturerscheinungen, Gegenständen oder Begriffen	*lachende Sonne, Mutter Natur*

Anapher	Wiederholung eines Wortes oder mehrerer Wörter am Versanfang	*lies keine oden, mein sohn, lies die fahrpläne* (Enzensberger: „ins lesebuch für die oberstufe")
Antithese	Entgegensetzung	*Was dieser heute baut, reißt jener morgen ein.* (Gryphius: „Es ist alles eitel")
Apostrophe	betonte oder feierliche Anrede	*Freude, schöner Götterfunken …* (Schiller: „An die Freude")
Chiasmus	nach dem griech. „Chi" = X; spiegelbildliche Überkreuzstellung von Satzgliedern	*Die Lust ist kurz, lang ist die Reue.*
Euphemismus	beschönigender Ausdruck	*Freund Hein* für Tod
Hyperbel	starke Übertreibung	*ein Meer von Tränen* *Das ist ja schon eine Ewigkeit her.*
Ironie	eine Wendung, die das Gegenteil meint	*Du bist mir vielleicht ein schöner Freund!*
Klimax	dreigliedrige Steigerung	*Veni, vidi, vici. = Ich kam, sah und siegte.* (Caesar)
Paradoxon	Scheinwiderspruch	*Das Leben ist der Tod.* *Der Tod ist das Leben.*
rhetorische Frage	Scheinfrage, auf die keine Antwort erwartet wird	*Machen wir nicht alle einmal einen Fehler?*
Tautologie	Verwendung mehrerer Synonyme (gleichbedeutender Wörter) zur Verstärkung einer Aussage	*immer und ewig* *angst und bange* *hoch und heilig*

GEDICHTFORMEN

Ballade	Gedichtform; längeres „Erzählgedicht" mit mehreren Strophen und meist regelmäßigem Reim und Metrum	Goethe: „Der Erlkönig"
Lied/Volkslied	einfaches Gedicht, oft mit vierzeiligen Strophen und Jambus, manchmal mit Refrain, wird oft vertont	*Wem Gott will rechte Gunst erweisen …* (Eichendorff: Lied aus dem „Taugenichts")
Ode	Gedichtform, die besonders das Erhabene, Bedeutungsvolle und Feierliche aufgreift	Schiller: „An die Freude"
Sonett	kunstvolle Gedichtform („Klinggedicht") aus zwei Vierzeilern („Quartette") und zwei Dreizeilern („Terzette"); meist mit fester Reimfolge, z. B. abba abba ccd eed	Loerke: „Blauer Abend in Berlin"

3 Handwerkszeug zum Erschließen dramatischer (szenischer) Texte

BAUELEMENTE/STRUKTURELEMENTE

Szene	Auftritt als Teil eines Aktes; kleinste Einheit im Drama, gekennzeichnet durch Schauplatzwechsel und/oder Figurenwechsel	
Akt	auch Aufzug; größere Handlungseinheit im Drama, bestehend aus mehreren Szenen; im Drama der traditionellen "klassischen" oder „geschlossenen Form" mit bestimmter Funktion	
Prolog	Vorspiel vor der eigentlichen Handlung	Goethe: „Faust I", Vorspiel auf dem Theater
Epilog	Nachspiel nach der eigentlichen Handlung	Brecht: „Der gute Mensch von Sezuan", Epilog (an den Zuschauer)
Regieanweisungen	oder auch: szenische Bemerkungen; „stumme" Hinweise zur Sprech- und/oder Spielweise der Figuren, zum Schauplatz u.a.	*er erbricht und lieset den Brief, indes dass der Wirt an die Szene geschlichen kömmt* (Lessing: „Minna von Barnhelm")

FIGURENGESTALTUNG

Figur	Person in einem Drama	
Monolog	Figurenrede: Selbstgespräch, Rede einer einzelnen Dramenfigur, oft zur Darlegung ihrer inneren Situation (z.B. Gefühle, Gedanken, …)	
Dialog	Figurenrede: Wechselrede zwischen zwei oder mehreren Figuren, z.B. als Streitgespräch, Klärungsgespräch, Planungsgespräch zum Weitertreiben der Handlung	
epischer Bericht	Bericht zur Überbrückung der räumlich-zeitlichen Begrenzung des Bühnengeschehens durch eine Figur oder einen Erzähler	Mauerschau, Botenbericht
Charakter	individuelle, unverwechselbare Prägung einer Dramenfigur	
Typ	festgelegte (stereotype) Figur, z.B. in der Commedia dell'arte	Pantalone, Pulcinella, Colombine
Figurenkonstellation	Gruppierung von Figuren in einem Stück; lässt sich in einem Figurenkonstellationsschema abbilden	Held Spieler – Gegenspieler Dreiecksverhältnis
Figurenkonzeption	die Art und Weise, wie ein Autor/eine Autorin eine Figur für sein/ihr Stück entwirft	der Schwächling, die Liebende, der Intrigant

Stoff	das Rohmaterial für ein Drama, z. B. aus Mythologie, Geschichte, Gegenwart	
Handlung	Geschehen auf der Bühne; gekennzeichnet durch eine zeitliche Abfolge mit Anfang und Ende, durch einen oder mehrere Schauplätze sowie durch eine oder mehrere Figuren	
dramatischer Konflikt	zentraler Streitpunkt, aus dem sich die dramatischer Handlung entwickelt	
Spannung	die Entwicklung der dramatischen Handlung; dabei im traditionellen „klassischen" Drama Spannungssteigerung (im II. Akt), Spannungsumschlag (im III. Akt), Spannungsabfall (im IV. Akt), Spannungslösung (im V. Akt)	
Exposition	Funktion des I. Aktes im Drama der „klassischen" Form: in Schauplatz und Zeit einführen, die Hauptfiguren vorstellen, die Vorgeschichte enthüllen, den dramatischen Konflikt andeuten	
Katastrophe	tragische Lösung der dramatischen Handlung im V. Akt	
Ort/Schauplatz/Raum	eines der drei wesentlichen Elemente des Dramas; möglich sind z. B. Einheit oder Wechsel des Ortes; Überbrückung von räumlichen Grenzen	
Zeit	eines der drei wesentlichen Elemente der Handlung; möglich sind z. B. Einheit der Zeit (z. B. Dauer der Handlung: ein Tag), Diskontinuität (z. B. durch Sprünge), Überbrückung von Zeiträumen (z. B. durch Botenbericht)	*... die Zeit ohngefähr zwei Jahre* (Schiller: „Die Räuber", Personenverzeichnis)

FORMEN DES DRAMAS

Tragödie	Dramenform, die einen Konflikt darstellt, bei dem der „Held" scheitert und stirbt (Katastrophe)	Shakespeare: „Hamlet" Schiller: „Maria Stuart"
Komödie	Lustspiel um menschliche Schwächen mit gutem Ausgang (Happy End)	Molière: „Der Geizige"
Bürgerliches Trauerspiel	Tragödie mit Konflikt zwischen Bürgertum und Adel	Schiller: „Kabale und Liebe"
Schwank	volkstümliches, lustiges Schauspiel	Eulenspiegel-Schwänke, Schildbürger-Schwänke
Puppenspiel	Figurentheater mit Handpuppen oder Marionetten	„Das Spiel vom Doktor Faustus"
Hörspiel	Rundfunk-Spiel nur mit Sprache, Geräuschen und Musik	Borchert: „Draußen vor der Tür"
Fernsehspiel	speziell für das Fernsehen verfasstes Stück mit Theater- und Filmelementen	

LÖSUNGEN

Seite 25, Aufgabe 1

Epische Texte: erzählende Texte, Geschehen wird durch Erzähler vermittelt, „Brief aus Amerika", „Unverhofftes Wiedersehen"
Lyrische Texte: Gedichte, sprachlich verdichtete, subjektive Texte, „Zwei Segel", „Irrtum"
Dramatische Texte: Theaterstücke, szenische Spielvorlage für Aufführung, „Emilia Galotti", „Der Besuch der alten Dame"

Seite 25, Aufgabe 2

auktoriale Er-/Sie-Erzählung; **Mutter**: nutzt jede Gelegenheit, um Elsa abzupassen, bei ihr zu sein, Witwe, alt, einsam, krank; **Elsa**: erwartet/fürchtet Störung der Mutter, bleibt höflich, aber vermeidet Gespräche und Begegnungen (verlässt Zimmer, kommt spät nach Hause, schützt Arbeit vor, will eigene Wohnung), genervt vom Verhalten ihrer Mutter, aber auch Mitleid, scheinbar unlösbarer Konflikt; **sprachliche Mittel**: Alltagssprache (typisch für Kurzgeschichte), Wiederholung der Satzanfänge, Verwendung des Konjunktivs („Sie würde …"); **Bewertung des Verhaltens**: Elsas Verzweiflung resultiert nicht aus Verhalten der Mutter, sondern aus Unvermögen der beiden, miteinander zu reden

Seite 26, Aufgabe 3

zwei Segel als Bild des Paares (vollkommener Einklang), erkennbar u.a. an Personifikationen (z.B. Empfinden, erregt, begehrt, ab Z. 7); **1. Strophe**: Blick auf Segel (Einheit im Erscheinungsbild Z. 1 und 2, in der Bewegung Z. 3 und 4), **2. Strophe**: Harmonie und Symmetrie: Bewegung des einen Partners (Z. 5 und 6) löst das Empfinden des anderen aus (Z. 7 und 8), **3. Strophe**: vollkommene Einheit der Partner im Wechsel des Bewegungstempos (hasten Z. 9 und 10, rasten Z. 11 und 12); **Aufbau**: drei formal gleich gebaute Strophen; **Rhythmus**: gleichmäßiger zweihebiger Daktylus; **Reim**: regelmäßiger Kreuzreim; **Satzbau**: Parallelismen

Seite 26, Aufgabe 4

Romeo hat Julias Vetter Tybalt aus Rache für den Tod seines Freundes Mercutio getötet; vom Fürst verbannt; muss mit Tod rechnen, wenn er Stadt nicht verlässt; Julia möchte Romeo bei sich haben; Romeo gibt nach, worauf Julia nun Romeo drängt, fortzugehen; sprachliche Gestaltung sehr dicht, eindeutige Zuordnung der sprachlichen Bilder z.T. schwierig, Bsp.:

	TAG	NACHT
Symbol	„Lerche" („Tagverkünderin", Z. 8)	„Nachtigall" (Z. 4)
Metapher	„des Morgens Auge" (Z. 21)	„Cynthias Stirn" (Cynthia = Mond Z. 22)
Personifikation	„Der muntre Tag erklimmt die dunst'gen Höhn" (Z. 12)	„Die Nacht hat ihre Kerzen ausgebrannt" (Z. 11)

Seite 34, Aufgabe 1

1. Erfassen der Aufgabenstellung 2. Analysieren und Interpretieren des Textes 3. Anfertigen einer Stoffsammlung 4. Erstellen eines Schreibplans

Seite 34 f., Aufgabe 2 und 4

1. Strophe: Beschreibung der nächtlichen Natur; **2. Strophe**: Darstellung der Wirkung auf den Sprecher; **Metrum**: überwiegend vierhebig jambisch, **Reim**: Paarreim, umarmender Reim; **Sprecher**: lyrisches Ich in der Rolle eines Wanderers, der Naturwahrnehmun-

gen beschreibt und über deren Wirkung nachdenkt; **sprachliche Gestaltung**: sprachliche Bilder für nächtliche Natur (Mond, Tal, Nachtigall, Ströme, Bäume); auffälliger Satzbau: 1. Strophe: großer Satzbogen, 2. Strophe: einziger Satzbogen, der sich mit Verwirrung des Sprechers syntaktisch verwirrt; Assonanzen machen Gedicht klangstark (1. Strophe: dunkle Vokale a und u, 2. Strophe: helle i-Laute)

Seite 35, Aufgabe 3

Belege in Klammern mit Zeile versehen; Anfang und Ende des Zitats durch Anführungszeichen markieren; Textstellen, an denen man Wörter auslässt, kennzeichnen

Seite 35, Aufgabe 5 und 6

1. Inhalt 2. Aufbau und Gedankenführung 3. sprachliche Darstellung 4. Sprachrichtigkeit, siehe AH S. 31 und 33

Seite 58, Aufgabe 1

produktiv verstehendes Schreiben (gestaltendes Interpretieren): Ziel = besseres Verstehen eines lit. Textes mithilfe eines selbst geschriebenen Textes, Bsp.: Text weiterschreiben; **kreatives Schreiben**: Ziel = selbst geschriebener Text, es gibt keine Textvorgaben, Bsp.: zu einem Thema ein Gedicht schreiben

Seite 58, Aufgabe 2

gründliche Auseinandersetzung mit lit. Text; in Figuren, Geschehen, Sprache eindenken; Verortung des produktiven Textes (Stellen davor und danach) beachten; Merkmale der produktiven Textsorte einhalten (z.B. Brief); richtige Perspektive und Duktus (z.B. historischer Kontext, Alter und Sprache der Figur) wählen und durchhalten

Seite 58, Aufgabe 3

Tagebucheintrag, innerer Monolog, Brief; Präsens; ungeordnet, sprunghaft, kurz, reihend und unvollständig; Präteritum oder Perfekt; die Adressatengerechtheit, den entsprechenden Sprach- und Schreibstil und die formalen Aspekte wie Anrede, Datum, Grußformel; wörtlicher Rede; Interview; eine Person stellt vorbereitete Fragen, eine andere beantwortet diese spontan

Seite 59 f., Aufgabe 4–8

Merkmale der produktiven Textsorten (innerer Monolog S. 46, Brief S. 50, Tagebucheintrag S. 44, Dialog S. 52, Interview S. 54) und Perspektive beachten

Seite 60, Aufgabe 9

auktoriale Er/Sie-Erzählung (d)

Seite 60, Aufgabe 10

Bsp.: Während ich im Gedränge zurückbleibe, schiebt er zum Ausgang. Selbst von hinten kann ich sehen, dass er zornig ist. Ich falle immer weiter zurück. Auch am Ausgang wartet er nicht auf mich, sondern tritt auf die Straße. Immer noch scheint er wütend zu sein. Die Nacht ist dunkel.

TEXTSORTENVERZEICHNIS

AUTORENVERZEICHNIS

Textquellen:

S. 9: Borchert, Wolfgang: Vielleicht hat sie ein rosa Hemd; aus: Wolfgang Borchert: Das Gesamtwerk. Hamburg: Rowohlt 1988, S. 204 ff. – **S. 12:** Schnurre, Wolfdietrich: Beste Geschichte meines Lebens; aus: Wolfdietrich Schnurre: Der Schattenfotograf. München: List 1978, S. 158. – **S. 15:** Keller, Gottfried: Sommernacht; aus: Gottfried Keller: Gedichte. Bd. 1. Hrsg. v. Kai Kaufmann. Frankfurt a. M.: Deutscher Klassiker Verlag 1995, S. 188. – **S. 16:** Loerke, Oskar: Blauer Abend in Berlin; aus: Oskar Loerke: Die Gedichte. Hrsg. v. Peter Suhrkamp. Neu durchges. von Reinhard Tgahrt. Frankfurt am Main: Suhrkamp 1995. – **S. 17:** Wolfenstein, Alfred: Städter; aus: Alfred Wolfenstein: Die gottlosen Jahre. Berlin: S. Fischer 1914, S. 25. – **S. 19:** Waalkes, Otto: Die verflixte Rechenaufgabe; aus: Otto Waalkes: Das zweite Buch OTTO. Von und mit Otto Waalkes. Hrsg. von Bernd Eilert u.a. Hamburg: Rasch und Röhrig, 1984. – **S. 21:** Dürrenmatt, Friedrich: Der Besuch der alten Dame; aus: Friedrich Dürrenmatt: Der Besuch der alten Dame. Eine tragische Komödie, Neufassung 1980. Zürich: Verlag der Arche, 1980. – **S. 22:** Schiller, Friedrich: Kabale und Liebe; aus: Friedrich Schiller. Kabale und Liebe. Ein bürgerliches Trauerspiel in fünf Aufzügen. In: Friedrich Schiller: Sämtliche Werke. Aufgrund der Originaldrucke hrsg. v. Gerhard Fricke und Herbert G. Göpfert in Verbindung m. Herbert Stubenrauch. Bd. 1. München: Carl Hanser, 1965, S. 755–858. – **S. 25:** Fritz, Walter Helmut: Augenblicke; aus: Walter Helmut Fritz: Umwege. Prosa. Stuttgart: Deutsche Verlags-Anstalt 1964, S. 47 f. – **S. 26:** Meyer, Conrad Ferdinand: Zwei Segel, aus: Conrad F. Meyer: Sämtliche Gedichte. Stuttgart: Reclam 1978, S. 119 f. – **S. 27:** Shakespeare, William: Romeo und Julia; William Shakespeare: Romeo und Julia. Übersetzt v. August Wilhelm Schlegel. Hrsg. v. Dietrich Klose. Stuttgart: Reclam 2002, S. 71 f. – **S. 29:** Weiss, Peter: Der Ernst des Lebens; aus: Peter Weiss: Abschied von den Eltern. Frankfurt a. M.: Suhrkamp Verlag 1962, S. 63. – **S. 34:** Eichendorff, Joseph von: Nachts; aus: Joseph von Eichendorff: Werke, hrsg. von W. Rasch, München: Hanser Verlag, 1959, S. 12. – **S. 38:** Wohmann, Gabriele: Ich Sperber; aus: Gabriele Wohmann: Erzählungen. Ebenhausen bei München: Langewiesche-Brandt 1966. – **S. 40:** Keller, Gottfried: Romeo und Julia auf dem Dorfe; aus: Gottfried Keller: Romeo und Julia auf dem Dorfe. Stuttgart: Reclam 1953, S. 14 f. – **S. 42:** Andersch, Alfred: Sansibar oder der letzte Grund; aus: Alfred Andersch: Sansibar oder der letzte Grund. Roman. Zürich: Diogenes Verlag AG, 1970. – **S. 44:** Keller, Gottfried: Romeo und Julia auf dem Dorfe; aus: Gottfried Keller: Romeo und Julia auf dem Dorfe. Stuttgart: Reclam 1953, S. 28–30. – **S. 46:** Bobrowski, Johannes: Brief aus Amerika; aus: Johannes Bobrowski: Boehlendorff und Mäusefest. Berlin: Union Verlag 1966. – **S. 47:** Horváth, Ödön von: Geschichten aus dem Wiener Wald; aus: Ödön von Horváth: Geschichten aus dem Wiener Wald. Frankfurt a. M.: Suhrkamp, 1992. – **S. 50:** Keller, Gottfried: Romeo und Julia auf dem Dorfe; aus: Gottfried Keller: Romeo und Julia auf dem Dorfe. Stuttgart: Reclam 1953, S. 79 f. – **S. 52:** Bichsel, Peter: Die Tochter; aus: Peter Bichsel: Stockwerke. Prosa. Ausgewählt und hrsg. v. Heinz F. Schafroth. Stuttgart: Reclam 1974, S. 7 f. – **S. 54:** Lange, Hartmut: Die Verteidigung des Nichts; aus: Hartmut Lange: Italienische Novellen. Frankfurt a. M.: Schöffling 1998, S. 121–125. – **S. 56:** Brecht, Bertolt: Märchen; aus: Bertolt Brecht: Prosa, Bd. I, Frankfurt a. M.: Suhrkamp Verlag 1965, S. 12. – **S. 57:** Brecht, Bertolt: Vergnügungen; aus: Die Gedichte von Bertolt Brecht in einem Band. Frankfurt a. M.: Suhrkamp Verlag 1988, S. 1022. – **S. 59:** Marti, Kurt: Happy end; aus: Kurt Marti: Dorfgeschichten. Erzählungen. Darmstadt: Luchterhand 1983, S. 53. – **S. 62:** Hebel, Johann Peter: Unverhofftes Wiedersehen; aus: Johann Peter Hebel: Schatzkästlein des Rheinischen Hausfreundes. München: Winkler-Verlag 1961, S. 252–255. – **S. 67:** Marinic, Jagoda: Ausgestochen; aus: Jagoda Marinic: Eigentlich ein Heiratsantrag. Geschichten. Frankfurt a. M.: Suhrkamp Verlag 2001. – **S. 68:** Droste-Hülshoff, Annette von: An meine Mutter; aus: Annette von Droste-Hülshoff: Sämtliche Gedichte. Mit einem Nachwort von Ricarda Huch. Frankfurt a. M.: Insel Verlag 1988, S. 371. – **S. 69:** Ausländer, Rose: Ich lausche; aus: Helmut Braun (Hrsg.): Regenwörter. Gedichte. Reclam Verlag, Ditzingen 1994. – **S. 70:** Goethe, Johann Wolfgang von: Maifest; aus: Johann Wolfgang von Goethe: Werke (Hamburger Ausgabe), hrsg. v. Erich Trunz, Bd. I: Gedichte und Epen, Hamburg: Wegner 1948, S. 30 f. – **S. 71:** Hahn, Ulla: Irrtum; aus: Ulla Hahn: Unerhörte Nähe. Stuttgart: Deutsche Verlagsanstalt 1988, S. 7. – **S. 72:** Lessing, Gotthold Ephraim: Emilia Galotti; aus: Gotthold Ephraim Lessing: Emilia Galotti. Leipzig: Reclam 1988, S. 26–29. – **S. 74:** Gerritsen, Esther: Gras; aus: Esther Gerritsen: Gras, 5. Bild. Deutsch von Eva Maria Pieper. Frankfurt a. M.: Verlag der Autoren 2002, S. 20 f. – **S. 77:** Novak, Helga M.: Eis; aus: Helga M. Novak: Geselliges Beisammensein. Prosa. Neuwied/Berlin: Luchterhand 1968, S. 128 f. – **S. 78:** Schoeller, Bettina: Ich bin ein ganz normaler Tag; aus: Bettina Schoeller: Ich bin ein ganz normaler Tag (Ein Tag aus meinem Bukarester Tagebuch). 27. Juni 2004, KAFFEE.SATZ. LESEN 12 v. 27.06.2004, rederei hamburg e.V. Hamburg. Unter: http://www.redereihamburg.de/autoren/bettinaschoeller.htm, Stand 14.08.2007. – **S. 79:** Guben, Günter: So; aus: Neue Deutsche Kurzprosa. Hrsg. v. Fritz Pratz u. Günter Bruno Fuchs. Diesterweg 1970. – **S. 80:** Strauß, Botho: Rückkehr; aus: Botho Strauß: Mikado. München/Wien: Hanser Verlag 2006, S. 13. – **S. 80:** Kaschnitz, Marie Luise: Ein ruhiges Haus; aus: Marie Luise Kaschnitz: Steht noch dahin, Frankfurt a. M.: Suhrkamp Verlag, © 1970 Insel Verlag, Frankfurt a. M. 1972, S. 71. – **S. 81:** Droste-Hülshoff, Annette von: Am Turme; aus: Annette von Droste-Hülshoff: Sämtliche Werke, hrsg. v. C. Heselhaus, München: Hanser 1963, S. 124 f. – **S. 82:** Bernhard, Thomas: Der junge Mann; aus: Thomas Bernhard: Werke, Bd. 14: Erzählungen, Kurzprosa. Hrsg. v. Hans Höller u.a. Frankfurt a. M.: Suhrkamp Verlag 2003, S. 212

Bildquellen:

S. 42: aus: Alfred Andersch, Sansibar und der letzte Grund, Copyright © 2006 Diogenes Verlag AG Zürich; – **S. 57:** Interfoto, München; – **S. 67:** Picture-Alliance, Frankfurt; – **S. 68:** Ullstein Bild GmbH, Berlin; AKG, Berlin; – **S. 75:** Nina Urban, Steinen

1. Auflage   1 5 4 3 2 1 | 13 12 11 10 09

Alle Drucke dieser Auflage sind unverändert und können im Unterricht nebeneinander verwendet werden.
Die letzte Zahl bezeichnet das Jahr des Druckes.

Das Werk und seine Teile sind urheberrechtlich geschützt. Jede Nutzung in anderen als den gesetzlich zugelassenen Fällen bedarf der vorherigen schriftlichen Einwilligung des Verlages. Hinweis § 52 a UrhG: Weder das Werk noch seine Teile dürfen ohne eine solche Einwilligung eingescannt und in ein Netzwerk eingestellt werden. Dies gilt auch für Intranets von Schulen und sonstigen Bildungseinrichtungen. Fotomechanische oder andere Wiedergabeverfahren nur mit Genehmigung des Verlages.

Auf verschiedenen Seiten dieses Heftes befinden sich Verweise (Links) auf Internet-Adressen. Haftungshinweis: Trotz sorgfältiger inhaltlicher Kontrolle wird die Haftung für die Inhalte der externen Seiten ausgeschlossen. Für den Inhalt dieser externen Seiten sind ausschließlich die Betreiber verantwortlich. Sollten Sie daher auf kostenpflichtige, illegale oder anstößige Inhalte treffen, so bedauern wir dies ausdrücklich und bitten Sie, uns umgehend per E-Mail davon in Kenntnis zu setzen, damit beim Nachdruck der Verweis gelöscht wird.

© Ernst Klett Verlag GmbH, Stuttgart 2009.
Alle Rechte vorbehalten. www.klett.de

Autorin: Sabine Utheß, Berlin

Redaktion: Susanne Altmann-Liebold
Herstellung: Carina Riehl

Gestaltung: one pm Grafikdesign Petra Michel, Stuttgart
Illustrationen: Iris Blanck, Hamburg; Maja Bohn, Berlin; Sylvia Graupner, Annaberg; Cornelia Kurtz, Boppard; Eike Marcus, Berlin; Inge Voets, Berlin
Satz: Markus Schmitz, Büro für typografische Dienstleistungen, Altenberge
Reproduktion: Meyle + Müller Medien-Management, Pforzheim
Druck: Druckhaus Götz GmbH, Ludwigsburg

Printed in Germany
ISBN 978-3-12-927206-0